Международный литературный журнал

ИНТЕЛЛИГЕНТ

Хорошее чтение для интеллигентных людей

№ 1/2014

«ИСпб»
Санкт-Петербург – Сиэтл – Сидней
2014

Главный редактор Наталья Крофтс

Редакция:
С. Пашков, В. Омский, С. Истомин

THE INTELLECTUAL
№ 1 / 2014
© 2014 by THE INTELLECTUAL

«Интеллигент. Спб» – квартальное литературное издание, посвящённое русской литературе. Мы публикуем современную короткую прозу и поэзию, освещаем интересные литературные фестивали и конкурсы, проводим интервью с ведущими деятелями современной культуры. Наше издание – это просто журнал хорошего чтения для интеллигентных людей.

Издание публикуется в газетном и журнальном вариантах; продаётся в сетевом магазине «Амазон».

Электронную версию издания можно прочесть на сайте intelligent-spb.livejournal.com
и в «Читальном Зале»:
http://reading-hall.ru/intelligent_spb/index.php

Электронный адрес: spb.intelligent@gmail.com
Материалы принимаются только по электронной почте. Просьба присылать не более 200 строк поэтического текста и не более двух рассказов до 8 тыс. знаков каждый, а также краткую биографию и портретное фото. Рукописи не возвращаются и не рецензируются.

ISBN-13: 978-1500810962
ISBN-10: 1500810967

© Авторы, тексты, 2014
© «Интеллигент. Спб», состав и оформление, 2014

СОДЕРЖАНИЕ

I. Поэзия ...3
Андрей Ширяев ...4

II. Гость номера – Ян Бруштейн: «Мир Ольги» ...18
Ольга Мантурова. Повесть в стихах. ...26

III. Фестивали ...31
Волошинский фестиваль ...32
    Беседа с организатором фестиваля с А. Кровиным ...38
    Максимилиан Волошин. Стихи ...38
    Андрей Коровин. Стихи ...41
    Сергей Бирюков. Стихи ...44
    Владимир Алейников. Стихи ...47
    Пётр Чейгин. Стихи ...51
    Елена Чурилова. Стихи ...53
    Анна Гедымин. Рассказ «Танька» ...55
Фестиваль «Литературный ковчег» (Армения) ...61
    Вика Чембарцева. «Араратское притяжение». Эссе ...64
    Эдуард Аренц. Стихи ...64
    Рузанна Восканян. Стихи ...65
    Арусяк Оганян. Стихи ...66
    Клаудио Поццани. Стихи ...67

IV. Регионалистика: Узбекистан ...69
Вадим Муратханов. Стихи ...70
Рифат Гумеров. Стихи ...74
Алина Дадаева. Стихи ...77
Николай Ильин. Стихи ...79
Вика Осадченко. Стихи ...82
Бах Ахмедов. Рассказ «Снег» ...84
Улугбек Хамдам. Рассказ «Пиала воды» ...91
Исажон Султон. Рассказ «Небесный сад» ...99

V. Проза 107
Ирина (Ляля) Нисина 108

I. Поэзия

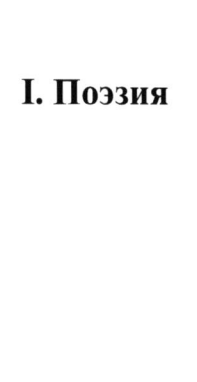

Андрей Ширяев (1965-2013)

Родился в Казахстане, жил в Москве. В начале 2000-х годов переехал в Эквадор. Учился в Литературном институте им. Горького на отделении поэзии в семинаре Юрия Левитанского. Профессиональный литератор, автор пяти прижизненных стихотворных сборников, публикаций в журналах «Арион» и «Дети Ра». Редакция благодарит В.В. Седова за помощь в подготовке публикации.

* * *
Ещё не ветер. Пусто. Облака, как ялики,
слегка качаются в распахнутом стекле.
С ветвей срываются антоновские яблоки,
плывут к земле.

Слова стареют. Что ни слово – то пословица.
Гуденье ос и гуще тени по стволам.
Очнётся полдень. Яблоко разломится
напополам.

Шипучий сок прольётся забродившим золотом,
огладит холодом от головы до пят.
Уже летает дождь, и воздух пахнет солодом,
и осы спят.

* * *
Отменяем последнее действие. Взлом
событийности. Скучный монтаж мишуры.

Поцелуй через небо. Лицо за стеклом.
Электронная версия старой игры.

Технология жизни без боли. Беда –
в защищённости чувств. Безопасный транзит.
Не пугает ничто, никого, никогда.
Никогда. Никому. Ничего. Не грозит.

* * *
Вот мы и не увиделись. За лето
засохло всё, что требовало влаги.
Сезон ресниц. Стрельба из арбалета
в бочонок из-под выпитой малаги.

Полёт на наконечнике. Гитара
в холодных пальцах. Вспышка кокаина
и гонка на взбесившемся «Камаро»
из джунглей в горы, вверх по серпантину.

И море. Пахнет порохом и сеном
от партизанской ржавчины и стали,
от ночи у старьёвщика на сером,
когда-то разноцветном одеяле.

Прости. Немного слишком откровенны
желания и действия. На марке с
почтовым штампом – профиль Картахены.
Проси. Тебе воздастся. Это Маркес.

И это – одиночество. Беглянка,
монахиня, хранящая за крохи
любви чужую память, точно склянка
с водой из доколумбовой эпохи,

возьму тебя у терпеливой пыли,
войду, огнём и осенью наполню.
Ты говоришь, мы были вместе? Были.
Наверное, мы – были. Я не помню.

* * *

Я вернулся и умер. Оставшись вдовой,
ты опять научилась дышать под водой
и носить облегающий пеплум,
и лежать на спине, наблюдая со дна,
как по тонким ресницам стекает луна,
и становится пеплом.

И становится книгой, в которой о нас
нет почти ничего. Два портрета анфас
друг на друга глядят бестолково.
Я, случайно засушенный между страниц,
погружаюсь в абсурд, сочиняя для птиц
голубиное слово.

Но когда ты читаешь его голубям,
ты читаешь не книгу, а речь по губам,
понимая едва половину.
Молоко убегает из лунки в песке,

ты пугаешься тени моей в молоке
и ложишься на спину.

Прижимая зубами неловкую дрожь,
я смешно обещаю, что ты не умрёшь
никогда. В приозёрном зимовье
нас хватает ещё на короткий разбег,
на какао под вечер и утренний снег
на камнях в изголовье.

* * *
Это аквариум. Ночь. Сонные рыбьи тела.
Здесь не бывает зимы. И не бывает тепла.

Линза, которая жизнь делит на эту и ту.
Слиток покоя. Стекло, вогнутое в пустоту.

Скупо отмеренный корм. Доза. Непрочная нить
не разрешит умереть и не позволит ожить.

Метаморфоза. Прыжок в воду, в себя – целиком.
Кровь остывает. Пора пробовать мир плавником.

* * *
Квадратный мир, осеннее окно,
заржавленные прутья выше города.
И люди, точно птицы из кино
о птицах, умирающих от голода.

Покинуть осень. Вынырнуть весной
в бездонный дождь за выцветшими Андами.
Предместье жизни. Прямо за спиной –
скандал и брызги. Цирк с комедиантами.

В замёрзшем небе огненной земли
циркачка пляшет, умножает сущности,
летит навстречу – в звёздах и в пыли –
по вытянутой Кеплером окружности.

Темнеют губы. Пахнет от костра
травою, догорающей на палочке.
Слезами. Мной, увязнувшим вчера
в потёртом лаке на волшебном пальчике.

Предместье дышит. Птичьи голоса
становятся тяжёлыми и чистыми,
зовут вернуться, завязать глаза
и выстелить себя простыми числами.

Сквозняк, ползущий к сердцу из окна,
похож на руки, стиснутые досиня
на прутьях мира. Здешняя весна
ничем не отличается от осени.

Бесконечное письмо
                    Франция, VIII в.

1. *(Фрагмент письма. Вонзая зубы, мышь
не думает о вечном.)* ...к бесам просьбы!
Будь правдой то, о чём ты говоришь –

и мне, возмож *(размыто)* не пришлось бы
в повозке спешно покидать Париж.

Да, это был немыслимый позор.
Пожар, раздутый слухами. Похоже,
изба и до сих пор рождает сор,
невыносимый, точно зуд по коже,
неутолимый – ни сейчас, ни впредь.
Я знаю парня – он родится позже,
его сожгут. Я не хотел сгореть.

2. О трусости. Мой мальчик, трусят все.
Хрустальный блик на утренней росе
глядит на солнце и дрожит в тревоге,
безбожно трусит белка в колесе
безбожник трусит, думая о боге,
трусит лошадка, правит бал война;
без лишней крови, шалостей и танцев,
арабы бьют трусливых аквитанцев,
Мартелл громит арабов, из окна
лепечет пламя, мечутся и вьются
синицы. И дрожит моя рука
от страха не успеть и не коснуться,
не дописать письма, не дотянуться
издалека.   В Аахене, ютясь
во флигеле, на преющей попоне
выкашливая лёгкие, я понял,
что всякий страх – вторая ипостась
(пятно) нехватки времени. Погони
за всадником с бубонным бубенцом.

Так что теперь – спешить? Гадать на звёздах?
Я, может быть, успел бы. Жаль, что воздух
сжимает горло медленным кольцом.

3. *(На сгибе – чья-то грязь. Увы, Европа
не любит мыться со времён потопа.)*
…цинично? Пуркуа бы и не па.
Парфюм. Чума. Костры. Кресты. Толпа.
И, как сказал мне киник из Синопа,
мор, порождая массу ярких чувств,
способствует развитию искусств.

Загвоздка не в чуме. Загвозка в людях.
В смеющихся. В играющих на лютнях.
В кующих мундштуки для лошадей.
В жующих сыр. В рожающих людей
и их же убивающих – за слово,
за честный грош, за краденый пятак,
за веру, за углом, за просто так –
забавы ради. Рьяно. Бестолково.
Задумчиво. С ленцою.
                     Палимпсест –
прекрасный символ перемены мест,
подмены мыслей, смены поколений,
замены тел, перестановки вех.
Когда лициниановы «Анналы»
сдирают низкорожденные галлы
кусками грязной пемзы и поверх
наносят блажь святого Августина,
мне хочется немедля перейти на
папирус, в итальянские зады

гусей воткнуть обратно penna avis,
воскликнуть «avva penis», вырвать завязь
кощунственного действа.   Полбеды
в поступках, да. Но главная беда –
в решениях, холодных, точно клизма
цикуты. Для адептов классицизма
убийственна активная среда,
подобная побегам дикой сливы
в прорехе древней каменной стены.
Я каменею, мальчик мой. Красивы
все эти новомодные курсивы,
ласкают глаз – но разуму вредны.
Отсюда не *(отсюда нечитаем
кусок в пятнадцать строк)*
                    …к стадам и стаям.

4. Поэзия – печальная овца
с невыразимо умудрённым видом.
Я тайны государственной не выдам,
сказав, что в мире не найти лжеца
искусней, чем поэт. Он лжёт, как дышит.
Он слышит, как дыхание колышет
тугую прядь у светлого лица,
он видит, как пульсируют сердца,
укрытые в темницах нежной плоти,
отращивает крылья и в полёте
прядёт любовь из локонов и слов –
и мир плывёт в расставленные сети.
От честных глаз до лживых потрохов
он – полное собрание грехов.

Мой мальчик, аплодируя труверу,
не смей ни звука принимать на веру!

...но как же это вышло, что на свете
нет ничего правдивее стихов?

5. Об овцах – всё. Пора идти к баранам.
Признайся, *(здесь пятно)* казалось странным
в тот день, когда учёный римский муж,
тонзурой, точно лилией, белея,
за кафедрой потел, сопел и блеял,
и скрыть пытался, что не слишком дюж
в дебатах про переселенье душ.
Триумф. Я хохотал, я издевался,
был полон яду и осиных жал.
Закончилось неловко. Он остался,
а я бежал.
          Полемика с людьми,
скрывающими фигу под порфирой,
чревата, но возможна, чёрт возьми!
Хотя... о Шарлемане, мон ами,
поди, попробуй, пополемизируй.
Не мы решаем – быть или не быть.
Нам нечего скрывать и нечем крыть.

О доводах, смущающих рассудок:
меня, бесспорно, можно убедить.
Вот, например, стрелой в пустой желудок.

6. *(цепочка бурых пятен)* ...альчик мой,
так жарко этой проклятой зимой,

что даже солнце пробует укрыться
в моей тени.
          Другие в эти дни,
ох, ладно – годы, ползают молиться,
присматривают землю, раздают
подачки нищим, подкупая суд.
Меня же угораздило влюбиться.
По-алемански – аллес гут, капут.
И перестань смеяться. Я ведь вижу,
как ты в кулак хихикаешь бесстыже
над старым дурнем. Да, она мила.
Точней, красива. Нет, великолепна.
Нежней воды. Торжественней молебна.
Прекрасней быстрой смерти. Ночь. Стрела.
Прозрачная балтийская смола
в ночном приливе. Искра в глубине
густой янтарной капли. Свет во мне,
увязшем в этой искре, точно птица
в порыве ветра. Сердце в тишине.
Звенящий голос приручает листья
и ливни, льётся, освещает лица…

Спустя десяток сотен лет, о ней
в австрийских снах я спрашивал у Листа,
и Ференц мне ответил: «Это сплав
материи и музыки». «Он прав, –
поддакнул Вагнер. – Музыки и слова».

Любовь слепа. Влюблённость бестолкова.
Прекрасны обе. Запахи дождя
и облака почти неотличимы.

Очередную строку выводя,
обнять, вдохнуть и умереть. И снова
взыскать обетованных губ – причины
огня, цепей, дыхания и гроз.
Шампанскую сияющую гроздь
с лозы срезая, видишь, что, и правда,
похожи, как две капли винограда,
любовь и смерть, распятие и гвоздь,
стрела бандита и стрела Амура;
(плывёт строка) сбиваешься с аллюра,
кричишь, бежишь к чужому кораблю,
и горько понимаешь, что «люблю»
твоё – бес... *(неразборчиво: «полезно»?*
«пощадно»? «печно»? «сильно»? «тактно»?)
                                                              Бездна.
Забудь, молю.

7. *(Огромное чернильное пятно.*
Изящные словесные пассажи
издохли в кляксе камеди и сажи.)
...кормить свиней. Политика – окно
в сарай с корытом.
                       Извини за лужи.
Не стану перематывать клубок;
одной рукой придерживая бок,
всегда ориентируешься хуже.
О чём я? Да, о боге. Что им – бог,
кузнец, купец, поэт, учёный, нищий?
Плеть предержащим густо наплевать
на всех. На всё. Тебя объявят пищей.

Войдут в твой дом, воткнут по рукоять
и вдумчиво начнут употреблять.

И это не изменится. В последний,
больной, недолгий двадцать первый век,
где мы ещё не встретились в передней
индейских сизых Анд, где имярек
ещё не отвернулся, но уже
закрыл лицо ладонями и видит,
что в созданном когда-то мираже
фальшиво насквозь всё, и что не выйдет
из миража ни мира, ни войны,
ни даже перемирия; где сны
не отличить от вымышленной яви,
где правит бал пластический хирург,
властитель туш,
                холодный демиург
над грудами стандартных тел и душ,
кроит по мясу к чьей-то вящей славе.

Мозги с мукой мешая на цепах,
подобно псам, они растут в цепях.
Одни дают, другие продаются:
каёмочки, фаянсовые блюдца,
штрихкод на лбу, слегка наискосок,
и ценники, как бирки с именами,
картонными сверкают орденами
на пальцах ног.

Накинув плащ, я собираюсь в сад, но
над каменными складками плаща

струится плющ, а по волне плюща
толпа идёт – тысячелико, жадно –
рукоплеща.
　　　　　*(И снова – частокол
чернильных пятен)* …спереди и сзади.
Мне не хотелось жить, на это глядя.
И я ушёл.

8. Сегодня было холодно. Да-да,
я знаю: солнце, пыль во рту, вода
воняет чем-то тусклым, соль и солод.
Жара. И я благодарю за холод,
покуда пар выходит изо рта.
А времени – на донышке. Проститься?
Допить? Разлить? Похоронить в углу
за паутиной? Чьи-то руки. Птица.
Темно. Пора вытаскивать стрелу.

В балетных па предсмертной дурноты
есть нечто утомляющее. Грустно,
что ты не помнишь будущего. Грузно
идёт секунда. Улыбнулся ворон
из темноты, перешагнул межу.

Когда-нибудь увидимся. И ты
меня узнаешь первым.
　　　　　　　　*(Текст оборван,
но я пишу. Я всё ещё пишу.)*

Комментарии автора:

Карл Мартелл (686–741) – майордом франков в 717–741 годах, вошедший в историю как спаситель Европы от арабов в битве при Пуатье. Дед Карла Великого.

Киник из Синопа – Диоген Синопский (412–323 до н.э.) – древнегреческий философ, ученик Антисфена. Считается наиболее ярким философом-киником.

Палимпсест – рукопись на пергаменте поверх смытого или соскобленного текста.

Лициниановы «Анналы» – речь о хранящемся в Ватиканской библиотеке манускрипте V в., содержавшем труды латинского историка Грания Лициниана. Был стерт в VI в. для записи грамматического трактата. В IX или X в. поверх трактата записан текст Иоанна Златоуста.

Penna avis – птичье перо (гусиное, лебединое, павлинье), орудие письма, пришедшее на смену каламу.

Avva penis – нехитрый каламбур. Авва – обращение, выражающее высшую форму доверия, искренней любви, сыновней покорности, а также дружеского расположения.

Трувер – северофранцузский средневековый бродячий поэт.

Шарлемань (фр. Charlemagne) – русская транскрипция французского произношения имени Карла Великого.

Камедь (классическое ударение падает на последний слог) – вещество, выделяемое растениями при механических повреждениях коры или заболеваниях. Первые чернила для манускриптов раннего средневековья изготавливали, смешивая камедь и сажу.

II. Гость номера

Ян Бруштейн: «Мир Ольги. Повесть в стихах»

В этом номере у нас гость необычный: лирический герой, Ольга Мантурова, созданная поэтом Яном Бруштейном. Мы говорим с Яном о его героине, о поэзии – и о многом другом.

– **Ян, как у вас появилось желание писать от женского лица?**

– Желание было давно, и опыт у меня был. Я однажды написал стихотворение о рабочей женщине с окраины – от её лица, о её судьбе, о её счастье и несчастье. Но это единичный случай был.

По-моему, попытки писать от роли, от ролевого героя чаще всего связаны с чувством, что ты исписался. Когда понимаешь, что надо что-то поменять, сломать, всё вытряхнуть, вывернуть... Я очень много сил отдал книге «Город дорог» и после этого у меня было ощущение, будто я выдохнул – а вдохнуть не могу.

Раньше у меня были попытки мистификаций: я создал Иоганна Каменева или, например, морячка Серёжу Семёнова по кличке «Корабел». Но там меня быстро раскрывали – в основном, филологи, которые хорошо понимают стиль.

Здесь случилось что-то другое. Сначала это просто было попыткой проникнуть в «шкуру» женщины. По-моему, мужчины, по сравнению с женщинами, очень примитивны. Женщины чувствуют тоньше, глубже, многообразнее, многоцветнее. Мужчина должен пробивать стены, добывать хлеб, воевать. А женщина должна воспитывать детей, хранить очаг – и должна больше понимать, больше ощущать.

Сначала это были стихи о любви, два-три стихотворения. А потом я вдруг увидел лицо – и в этом мне помог Сандро Боттичелли. Использовав фрагмент одной из его картин, я воссоздал лицо — но лицо изменённое по сравнению с великим флорентийцем: я его осовременил, перерисовал, повернул в другую сторону. И вот когда я увидел этого человека, я вдруг почувствовал, что возникает живое существо, которое мне интересно. Причём человек этот совершенно иной, чем я — и не только в гендерном отношении. Иной по происхождению, по восприятию, по национальному миросозерцанию — совершенно по всему. Вот тут мне стало по-настоящему трудно и по-настоящему интересно.

И тогда мы начали с Ольгой пробиваться друг к другу: она стала обретать свой характер. Некоторые вещи, которые она писала через меня — это стихи, которые я сам бы никогда не написал. Я никогда бы не написал так открыто — это вещи распахнутые, наотмашь. Я-то сам автор достаточно въедливый, мне нужно, чтобы была сложная, интересная техника, всякие составные или ассонансные рифмы, и так далее… А здесь всё это ушло — была просто кровь горлом.

Иногда Оля брала верх, иногда я брал верх: это я уже сейчас, задним числом, вижу по стихам. Но меня вычислила только одна женщина — моя очень хорошая подруга, поэт Надя Ягова. Она — аналитик по сути, и по каким-то приёмам, по какой-то манере она меня узнала — и вдруг написала мне: «А не ты ли это?» И я честно сказал: «Да, я». И всё — больше меня не узнал никто, до самого конца, пока я сам не раскрылся.

А раскрылся я тогда, когда понял: эта мистификация исчерпала себя, переросла себя — и вышла на совершенно другой уровень. Возникло цельное произведение, которое я для себя назвал «повесть в стихах», написанное от лица этой женщины. Потому я и пишу об уходе, отъезде Ольги уже от себя, а она мне дальше пишет письма, она со мной прощается, рвёт пуповину, уходит в пространство жизни. И это всё — через трагедию, через слом. Вы даже представить себе не можете, как это было тяжело, как я ломал себя в это время: у меня было ощущение, что я шкуру с себя сдираю.

— *Тяжело было прощаться — или вообще писать?*

— И то, и другое. Я ведь вообще очень трудно пишу: если у меня в год — четыре десятка стихотворений, которые не стыдно показать, то это я уже перепрыгнул сам себя. А здесь я за четыре месяца написал 50 с лишним стихотворений. Что-то отбросил, что-то осталось — но я увидел, что это — цельное произведение. В нём есть судьба, развитие, изменения, возвращения, контрапункт. И оно само стало выстраиваться по законам драматургии: завязка, кульминация, катарсис...

Сейчас мне это всё безумно интересно перечитывать — у меня нет ощущения, что это я написал. Наоборот, восприятие, что Ольга — живой человек, и мне её безумно не хватает. Я два месяца после этого вообще ничего не мог писать! С тех пор я написал несколько стихотворений, совсем недавно. И я не уверен, что быстро очухаюсь: пришлось отдать столько, такие куски собственного сердца, собственной шкуры, собственной плоти — и вместе с тем я понимаю, что это абсолютно иной, по сравнению со мной, характер.

В результате я пришёл вот к чему. Есть разные уровни. Есть мистификации. Они возникают по разным причинам. Первое — просто пошутить. Второе — скрыться, когда нужно высказать политические взгляды. Это — Проспер Мериме, театр Клары Гасуль. Ещё есть желание мистификации в рамках стиля, и стиль модерн весь пронизан такими мистификациями. Это — Черубина де Габриак, созданная Максом Волошиным и компанией. Есть мистификации современные, когда просто хочется написать так, потом написать эдак...

Но здесь... Я бы не смог продолжить, меня это пугает. Я чувствую, что она от меня освободилась, я по ней скучаю. Это – роман. Я прожил какое-то время в шкуре женщины, я пережил все её трагедии. Причём там переплетены три трагедии. Во-первых, трагедия страны, через которую мы прошли: трагедия освобождения, приобретения, потерь – и страшных потерь. Потом – трагедия деревни, которая умирает, и умирает на её глазах (и на моих тоже). Причём я не придумщик по своей сути: я не умею сочинять сюжеты, персонажей... Конечно, если это вещь историческая, то ещё можно что-то сконструировать. Но здесь, если я писал о людях – вернее, она, Ольга, писала о людях – то это люди, которых я знаю.

Тётя Шура умерла три года назад. Она мне пела эту «Смуглянку», «в ноты попадая через раз». Дядя Коля, печник, строил печку в моём деревенском доме, и он до сих пор жив, почти слепой из-за того, что очень много пил, и самогон и прочую гадость. Есть и другие люди – и даже вот таких женщин, как Ольга, я знаю: женщин, которые сумели вырваться из деревни в город, получили там по полной по сусалам от жизни. Женщин, которых город просто выкрутил, выжал – и выплюнул назад в деревню, куда Ольга бежала от несчастной любви, от предательства, от всего. Город – особенно Москва – он же перемалывает людей, особенно людей пограничных, людей между городом и деревней. Об этом ещё Шукшин писал – о человеке, который уже в деревне стоит только одной ногой, а другой всё никак не встанет в городе.

И вот Ольга находит освобождение, уезжает туда – о чём я написал совсем недавно. Я представил Енисей, маленький городок, куда она уехала – где северное сияние и собаки, похожие на волков. То есть Ольга вернулась туда, куда моя душа возвратилась совсем недавно, накануне рождения Ольги: я вдруг вспомнил о том полугодии, которое я провёл на севере — и написал цикл «Севера», который вышел в «Сибирских огнях». Ни строчки я там не придумал. Конечно, элемент мифа в этом цикле есть, но все персонажи — это люди, которых я знал, с которыми встречался, которые просто меня потрясли и засели у меня в памяти. Они потом забылись — и снова проявились только в цикле «Севера». И вот моя Ольга уходит туда, в страну этого севера. Уходит туда, как в спасение.

Для меня это — очень трудный опыт. С самого начала всё было достаточно серьёзно: сначала — два-три стихотворения о любви, а потом — о стране, о деревне, о людях деревни. Хотя меня один из читателей упрекнул в цинизме: дескать, я такие серьёзные для страны вещи говорю как бы в шутку, через мистификацию. Но я-то не шутил. Я не смог бы написать то, что написала моя Ольга — так, как написала она, но подписаться я могу под каждым её высказыванием, под каждым словом.

В конце концов, существуют же романы, повести, где повествование ведётся от имени персонажа, и в этом никто не видит ничего удивительного и предосудительного. Поэтому я и назвал это всё «повестью в стихах». На роман в стихах «Мир Ольги» не тянет: роман обычно многолинеен, многотемен — а здесь всё-таки чёткая единая тема, развёрнутая достаточно подробно, так, как это характерно для повести.

— *После этого опыта создания Оли изменилось ли ваше прочтение стихов авторов-женщин?*

— Я всегда очень любил женские стихи. Я вообще считаю, что сейчас женщины пишут гораздо глубже и тоньше, чем мужчины. Маша Ватутина, например — целое мироздание. Олю Аникину я очень люблю: я вижу, как она прогрессирует. Причём, победив на каких-то конкурсах, она нарвалась на такую травлю! Но она выдержала — и прямо на глазах вырастает в большого, серьёзного поэта. Она живёт в Сергиевом Посаде, очень сильная, красивая – но это ей не мешает. Анечка Гедымин – это вообще моя любовь. Я читал её стихи, даже когда интернета ещё не знал, давно-давно. Это человек потрясающей распахнутости, она как будто дышит этими стихами. А когда мы с ней познакомились в Коктебеле, она оказалась даже лучше, чем я её представлял!

Есть сейчас сильные поэты. Я не люблю слова «поэтесса». Всё-таки, «поэт». Поэтессы, конечно, тоже есть: их – как грязи. Но они – поэтессы, пусть они там и остаются: это – гламурненько, это – слэмово, это – с матерочком... Способные девочки, есть очень способные. Но они не кровью пишут, не душой пишут. Они играют роль, они зарабатывают денежки, они тешат своё самолюбие – даже когда хорошо рифмуют.

Но настоящие женщины-поэты, как мне кажется, в поэзии – честнее мужчин. Мужики чаще пишут тезисы, понимаете? Апрельские тезисы. Хотя, нет - есть, есть авторы настоящие... Я очень люблю Сашу Кабанова, Лёшу Остудина... Есть их антипод Дмитрий Мельников... Есть Женя Чигрин – метафорист, очень тонкий, даже ближе к женской поэзии – при совершенно мужском мировосприятии. Вообще сегодня поэтов хороших – много. Великих – не знаю, время покажет.

– *Ян, где можно прочесть эту «повесть в стихах», существует ли книга?*

– Сначала она вышла в виде электронной книги. Но у нас странная ситуация: электронные книги не замечают критики, не замечают журналы. Хотя скачиваний этого издания больше, чем бывают тиражи в наше время. Но отдельно выпускать такую тонюсенькую книжечку... Сейчас готов макет моего большого тома избранного, повесть с небольшими сокращениями туда вошла. Кроме того, она целиком опубликована в приложении к журналу «День и Ночь».

А электронная книжка есть в интернет-библиотеках. Можно просто набрать в Яндексе: электронная книга «Мир Ольги. Повесть в стихах». Она выложена в нескольких форматах, то есть каждый может скачать и в планшет, и в компьютер, и в электронную книжку. Так читают очень много.

– *А что дальше?*

– Не знаю! Ольга на меня свалилась, как кирпич с крыши – и на четыре месяца её мир захватил меня полностью. А когда повесть в стихах была завершена, у меня появилось ощущение, что я вообще больше писать никогда ничего не буду. Я контужен сейчас.

– *Ян, большое вам спасибо за беседу – и от всей души желаю вам нового «кирпича»!*

Октябрь 2013, г. Иваново.
Беседовала Наталья Крофтс.

Ольга Мантурова
Создана поэтом Яном Бруштейном.

Ян Бруштейн

Поэт и прозаик. Родился в 1947 г. в Ленинграде. Кандидат искусствоведения. Работал журналистом, преподавателем, возглавлял региональный медиа-холдинг. Автор книги компьютерной арт-графики и стихов "Карта туманных мест", поэтических сборников "Красные деревья", "Планета Снегирь", "Тоскана на Нерли" и "Город дорог". Живет в г. Иваново.

"Страна, река, тропа"
Из повести в стихах "Мир Ольги"

СТРАНА

Я родилась в размашистой стране,
Рассыпанной теперь, как чьи-то бусы,
Я там жила в деревне у бабуси.
Страна совсем не знала обо мне.

Но я ее всегда любила, как
Траву и речку, огород и поле,
Как рыжего котяру на заборе,
Как дом, где и не знали о замках.

Теперь деревни нет и нет страны,
Ее вы победили без войны,
Забрали все мои святые крохи.

Да, было много всякого тогда,
Но что же – вместо? Чёрная беда
И в прошлое забытые дороги.

РАДИСТКА ШУРА

У моей соседки тети Шуры
На мешок похожая фигура,
Две козы и зуба вроде три,
Пять сынов раскиданы по свету,
Но от них вестей давненько нету,
Как ты на дорогу ни смотри.

А на праздник Шура надевает
Две медали, и бредёт по краю
Старого безлюдного села.
Солнышко гуляет ярким диском...
На войне она была радисткой,
Но уже не помнит, кем была.

Пусть на Шуре кофта наизнанку,
Но зато она поёт "Смуглянку",
В ноты попадая через раз.
Говорит мне: "Выпьем самогонки!"
Старый голос – непривычно звонкий
И сияют слёзы возле глаз.

ПОРА...

Пора туманом в поле,
Да голубем в окне,
Да распрощаться с болью,
Таящейся во мне.
В зеленом полусвете
Легко свечу задуть,
Быть вольной, словно ветер,
Как будто зная путь,
Лететь, назад не глядя,
Забыть, который век...
И боженька погладит
Меня по голове.

ТРОПА

В забытом доме лесника
Остались только пёс и кошка.
Сидят и смотрят на дорожку.
Их жизнь – трудна, судьба – легка.

Пёс очень стар, почти что слеп,
Он ходит мало и неловко,
И кошка делится полёвкой,
А то и птицей – тоже хлеб.

Порой приходит человек,
Чужой, неправильный, но добрый,

Приносит лакомства, и долго
Сидит, не поднимая век.

День откатился и пропал.
Не видно маленькую стаю.
И понемногу зарастает
Туда ведущая тропа.

РАМА

На границе города и мира,
Там, где за дорогой – бурелом,
Мама безнадежно раму мыла
И молчала что-то о былом.

Мама у меня была упряма.
Дым и гарь садились на стекло.
Потому она и мыла раму,
Хоть её от этого трясло.

Видно, в мире не хватало света.
Чтобы солнца луч сюда проник,
Мама раму вымыла, и это
Тёмный час отсрочило на миг.

КРЫЛЬЯ

Переломаны крылья России,
Долгой ночью оборван полет,

И духовная анестезия
Головы нам поднять не дает.

Обезлюдели долы и веси,
Как же мало трудов и молитв!
И какая судьба перевесит,
Переможет и переболит...

ТРЕТЬЕ И ПОСЛЕДНЕЕ ПИСЬМО ОЛЬГИ

Я у неспешной каменной реки,
У волн её, тяжёлых, словно ртуть,
У не известной, как ни нареки,
У этих вод, которых не вернуть,
У этих струй, и мёртвых, и живых,
В них так и тянет навсегда упасть....
Но рядом – пёс, который может выть,
Точнее, петь, уткнувши в небо пасть.
Почти что волк, но выбравший меня,
Почти дикарь, доверившийся мне.
И греюсь я у этого огня,
И глажу по взъерошенной спине.
Он словно говорит мне: "Ну же, вот...
Шагни к реке, и руки опусти!"
Умоюсь я и мертвой, и живой.
Забуду о тебе.
Прости...
Прости...

III. Фестивали

Волошинский фестиваль

Рассказывает организатор Международного литературного Волошинского конкурса и Международного литературного фестиваля им. М. А. Волошина, Андрей Юрьевич Коровин.

— Андрей, расскажите, пожалуйста, о предыстории Международного Литературного Фестиваля им. М.А. Волошина.

— Коктебель был тем местом, куда захотелось попасть, когда я впервые увидел акварели Волошина, прочитал его стихи. А самым сильным толчком, наверное, стало эссе Марины Цветаевой «Живое о живом». Коктебель в юности был мечтой, а попасть сюда мне удалось только в 26 лет. Зато, приехав, я в Коктебель влюбился, как Марина Ивановна когда-то.

Но застал я его в достаточно плачевном состоянии, это были 90-е годы. По набережной ходили люди в малиновых пиджаках — сейчас это даже смешно вспоминать, но это действительно было: жара, лето — а они ходят в пиджаках. Помню, попытавшись в первый раз найти Дом Волошина, я найти его не смог: он был весь в шашлычном дыму, заставлен торговыми лотками и палатками. Более того, все эти люди на набережной понятия не имели, кто такой Волошин.

В 2002-м году мы договорились о встрече в Коктебеле с киевским поэтом Андреем Грязовым, и здесь же я познакомился с сотрудником музея Игорем Левичевым. И вот сидим мы на веранде, разговариваем: «Ребята, какой кошмар, во что превратили волошинский Коктебель!» А что могут сделать творческие люди? Собственно, они умеют писать стихи, вот и всё. Но мы с Андреем Грязовым были еще и редакторами сайта Поэзия.ру, вот и предложили провести на базе сайта конкурс, посвящённый Волошину и Коктебелю, чтобы напомнить людям, что есть такое место, где поэтов всегда любили и ждали. И таким образом попытаться вернуть в Коктебель других людей – не этих, «малиновых», а творческих, волошинских.

Наталия Мирошниченко, директор Дома-музея Волошина, нашу идею поддержала; более того, мы бы поговорили-поговорили – да забыли, а она мне на Новый Год позвонила и напомнила: «Андрей, а мы конкурс-то будем делать?..»

И вот в 2003-м году мы объявили и провели первый конкурс, который положил начало всему, что здесь теперь происходит. Например, мы подумали: «Как привезти сюда участников конкурса?» И решили, что объявлять итоги конкурса мы должны только здесь – вручать награды, дипломы... И в 2003 году приехали первые 30 человек, с которых и начался Волошинский сентябрь.

– *Тогда следующий вопрос: а зачем сюда едут люди? Неужели, чтобы просто услышать – или не услышать – своё имя?*

– Коктебель такое место: попадая сюда, человек в Коктебель либо влюбляется – либо разочаровывается. Разочарованных я тоже встречал, но их всё-таки меньше. И, как правило, приехав сюда один раз, люди потом свои отпуска подстраивают под наш «Волошинский сентябрь». Есть люди, которые сюда ездят с самого первого фестиваля, то есть уже 11 лет – а они в свою очередь часто привозят к нам новых людей. Многие в Коктебеле оказались впервые благодаря «Волошинскому сентябрю»; а кто-то, наоборот, вернулся спустя двадцать, тридцать лет — известные поэты, редакторы литературных журналов, у которых здесь прошли детство и юность в доме творчества, еще с их родителями.

Например, Юрий Кублановский рассказывал, что незадолго до своей вынужденной эмиграции из СССР он приехал сюда, чтобы попрощаться со своими любимыми местами, и читал стихи на веранде дома Волошина. И вот мы пригласили его в 2004-м году на «Волошинский сентябрь» — и он опять читал здесь стихи, у него прошёл большой творческий вечер в Доме Поэта.

— *Андрей, мы оба знаем, что фестивалей сейчас много, очень разных — и по уровню, и по направлениям. Чем отличается Волошинский фестиваль?*

— Во-первых, наш был одним из первых сегодняшних фестивалей, фактически положил начало фестивального движения в России, Украине и в других странах. Во-вторых, это фестиваль на море, в бархатный сезон! Конечно, есть прекрасный фестиваль «Киевские Лавры», есть Фестиваль поэзии на Байкале, есть «Петербургские мосты» и много других... Но на море — раз-два и обчёлся!

Затем: симпозиум «Волошинский сентябрь» — это такая «матрёшка»: внутри него есть Волошинский конкурс со множеством номинаций, есть Волошинская премия, есть литературный фестиваль с разными направлениями и есть пленэр художников, есть научная конференция и джаз-фестиваль. Да и в самом литературном фестивале есть разные направления.

Первое направление — представительское, что называется, «и других посмотреть, и себя показать»: это традиционное представление журналов, альманахов, книг, авторских программ... Словом, то, что происходит на каждом фестивале.

Второе направление – обучающее: это мастер-классы, они существуют далеко не на каждом литературном форуме. Их у нас ведут известные поэты и редакторы литературных журналов, и по итогам мастер-классов наиболее интересные участники оказываются авторами этих журналов. Я считаю очень важным то, что по итогам конкурса и фестиваля каждый год появляются десятки публикаций в разных литературных изданиях, таким образом мы открываем новые имена. Были случаи, когда после получения звания лауреата Волошинского конкурса человек получал Букеровскую премию – как, например, Александр Иличевский. Да и Бориса Херсонского до Волошинского конкурса мало кто знал в России. А на нашем конкурсе его стихи впервые прочитал Юрий Кублановский, который возглавлял поэтическое жюри, и сказал: «Я буду его печатать». За одиннадцать лет таких примеров у нас набралось немало, и мы очень гордимся нашими победителями и следим за их творческой судьбой.

Третье направление нашего фестиваля – игровое. Люди ведь приезжают на фестиваль с разными целями. Кто-то хочет серьёзной работы, кто-то просто общения, кто-то – представить свои новые достижения. Ну, а кто хочет игры – тоже пожалуйста! У нас с 2004 года существует турнир поэтов – мы его проводим по правилам Серебряного века. Интересно, что несколько лет подряд победителями становились исключительно женщины – и поэтических королев Коктебеля больше, чем королей. Может быть, потому, что в жюри больше мужчин, а может быть потому, что сейчас время женщин...

Ещё есть заплыв поэтов – эту идею предложила Ирина Барметова, главный редактор журнала «Октябрь». Конечно, были сомнения в том, что делать, если заплыв выиграет какой-нибудь махровый графоман, но, к нашему счастью, в основном побеждают люди талантливые. Меня потрясла одна девушка, мастер спорта по плаванью и талантливая поэтесса, которая отказалась принимать участие в заплыве, потому что нечестно соревноваться с пловцами-любителями. То есть даже ради желанной публикации она себе этого не позволила. А в нынешнем году был случай, когда в заплыве победил мужчина, который рыцарски передал свою победу, то есть право публикации, женщине-поэтессе.

Есть у нас и другие направления, например, просветительское: это детские дни «Волошинского сентября» для школьников Крыма с участием известных российских детских писателей; есть театрально-драматургическая программа, программа видеопоэзии, и работа с новым жанром фотопоэзии, и многое другое.

Например, в прошлом году мы впервые провели круглый стол организаторов литературных фестивалей – к нам приехало порядка 35 организаторов разных фестивалей из России, Украины, США и других стран. И на этом круглом столе наши коллеги из Петербурга, из ЛИТО «ПИИТЕР», презентовали проект сайта «Фестивальный Зал», по аналогии с «Журнальным Залом».

– Андрей, а что вам не нравится на вашем фестивале?

– Если честно, мне многое не нравится! Я считаю, что всегда что-то можно было сделать лучше – но порой возникает человеческий фактор, ограничены финансирование, технические возможности и так далее. Всегда хочется чего-то большего.

Но, судя по тому, что люди сюда возвращаются, прилетают из разных концов России и мира, очень хочется верить, что у нашего симпозиума и фестиваля – все еще впереди!

Сентябрь 2013, Коктебель.
Беседовала Наталья Крофтс.

Максимилиан Волошин (1877-1932)

ГРАЖДАНСКАЯ ВОЙНА

Одни восстали из подполий,
Из ссылок, фабрик, рудников,
Отравленные темной волей
И горьким дымом городов.

Другие из рядов военных,
Дворянских разоренных гнезд,
Где проводили на погост
Отцов и братьев убиенных.

В одних доселе не потух
Хмель незапамятных пожаров,
И жив степной, разгульный дух
И Разиных, и Кудеяров.

В других – лишенных всех корней –
Тлетворный дух столицы Невской:
Толстой и Чехов, Достоевский –
Надрыв и смута наших дней.

Одни возносят на плакатах
Свой бред о буржуазном зле,
О светлых пролетариатах,
Мещанском рае на земле...

В других весь цвет, вся гниль империй,
Все золото, весь тлен идей,
Блеск всех великих фетишей
И всех научных суеверий.

Одни идут освобождать
Москву и вновь сковать Россию,
Другие, разнуздав стихию,
Хотят весь мир пересоздать.

В тех и в других война вдохнула
Гнев, жадность, мрачный хмель разгула,

А вслед героям и вождям
Крадется хищник стаей жадной,
Чтоб мощь России неоглядной
Размыкать и продать врагам:

Сгноить ее пшеницы груды,
Ее бесчестить небеса,
Пожрать богатства, сжечь леса
И высосать моря и руды.

И не смолкает грохот битв
По всем просторам южной степи
Средь золотых великолепий
Конями вытоптанных жнитв.

И там и здесь между рядами
Звучит один и тот же глас:

«Кто не за нас – тот против нас.
Нет безразличных: правда с нами».

А я стою один меж них
В ревущем пламени и дыме
И всеми силами своими
Молюсь за тех и за других.

* * *
Так странно, свободно и просто
Мне выявлен смысл бытия,
И скрытое в семени "я",
И тайна цветенья и роста.
В растенье и в камне – везде,
В горах, в облаках, над горами
И в звере, и в синей звезде,
Я слышу поющее пламя.

Андрей Коровин

Поэт, критик, литературный деятель. Родился в 1971 г. в Тульской области. Окончил Высшие литературные курсы при Литинституте им. А.М. Горького. Автор книги стихов "Поющее дерево" и др. Организатор Международного литературного Волошинского конкурса и Международного литературного фестиваля им. М.А. Волошина. Куратор литературного салона "Булгаковский Дом" (Москва). Живет в Москве.

ВЕСЕННИЙ КРЫМ: СВИНГ

Весенний Крым. И каждый день – в цвету.
И у весны расцвёл язык во рту.
И Божья влага в небесах пролита.
Ко мне приходит сон, и в нём – они:
Бессонные бенгальские огни –
Сугдея, Феодосия, Джалита.

Владычица морская – говори.
Пусть в небесах свингуют тропари
На день седьмой и на двунадесятый.
Пусть любит нас Господь в своём Крыму,
И я у смерти времени займу,
И мы проснёмся – вместе, как когда-то.

ОБРАТНЫЙ ОТСЧЁТ

и тени будут тихи и резки
и холодом повеет от строки
и катерок потянется к причалу
мы начинаем медленный отсчёт
судьбы что против времени течёт
и мы приходим к самому началу

потерянные Богом и собой
мы верим только в сгусток голубой
души своей томящейся по небу
а кем мы были и по ком текла
печали нашей мутная река
не вспоминать бы ни тебе
ни мне бы

ГРУСТНАЯ СКАЗКА

Что же ты наделала, милая душа?
Разрубила дерево. Как теперь дышать?
Не сиделось пташеньке на моём суку.
Улетела за море. Вот и всё. Ку-ку.

Жили мы за пазухой, у кого – не знам.
Звёзды были ласковы, как собаки, к нам.
Ворковала, горлица, выключала свет.
Были бы мы счастливы.

Только счастья – нет.

ГЛЯДЯ НА ОБЛАКА

в облачном небе – белые рыбари
знаю живут и порою бросают сеть
речь промокает так что – не говори
выловят – повезёт ли? – как посмотреть

белые жёны скажут: смотри какой!
может пустить обратно? – пускай живёт!
выпустят в реку рыбарь подтолкнёт рукой
вот и живу тут с вами который год

только душа тоскует по облакам
по рыбарям и женам их во цвету
может быть повезёт – приберут к рукам
и я на небе сказочно зацвету

Сергей Бирюков

Поэт, филолог, исследователь авангарда. Родился в 1950 году в Тамбовской области. Основатель и президент Академии Зауми, учредитель Международной Отметины имени «отца русского футуризма» Давида Бурлюка. Автор многих сборников стихов и теоретических книг. Живет в городе Галле, Германия.

* * *
В конце концов
и я стихи слагать...
и так и сяк
а то еще вот этак

еще одно мгновение
поймать
и солнца луч
увидеть тенью веток

в конце концов
в оконце
той строфы
той что и впрямь
окажется оконцем
что там увидишь?
ледяное донце

и не успеешь
рифму выловить
на "фы"

ЗИМНЕЕ ВИДЕНИЕ

И на Россию выпал снег.
Нам выпала такая доля —
сугробы полюбить и в поле
метелицу одну на всех.
Ветвь переломится в руках,
лежит земля в рубахе белой,
перед жильем оторопелым
сова застыла на ветвях.
Откуда взялся этот страх —
расширены глаза живые.
Заката раны ножевые
кровоточат в пяти местах.

* * *

ты тварь ничтожная
и лепет твой нелеп
на берегу стоять
от жажды изнывать
тот кто проходит здесь
он будто слеп
иль просто никого
не хочет узнавать

* * *

А есть письмо зодиакальное,
Письмо небесное — зеркальное —

Земных пределов отражение,
Дрожание воображения,

Как вывих тела, как летучая
Письма глубокая извилина,
Лучами быстрыми колючими
И поцелуями изливлена,

Сомнамбулой маниакальною
Выходит настежь краем жести
И видит ближнюю и дальнюю,
Мгновенно считывая вести,

И там, где берег простирается,
Невидимый, но осязаемый,
Кустарник в эту грань врывается,
Внезапный, точно так желаемый;

Извив растений, букв и линии,
Порыв к буквальному прочтению,
И вычитание идиллии,
И голос уст-ремленный к пению.

Владимир Алейников

Поэт, прозаик, переводчик, художник. Родился 28 января 1946 года в Перми. Вырос на Украине, в Кривом Роге. Окончил искусствоведческое отделение исторического факультета МГУ. Работал в археологических экспедициях, в школе, в газете. Основатель и лидер легендарного литературного содружества СМОГ. Начиная с 1965 года, стихи публиковались на Западе. При советской власти на родине не издавался. Более четверти века тексты его широко распространялись в самиздате.

Автор многих книг стихов и прозы. Лауреат премии Андрея Белого, премии журнала "Молодая гвардия", газеты "Литературные известия" и др. Живёт в Москве и Коктебеле.

* * *

Курятся пылью перекрёстки,
К напёрстку тянется игла,
Стерня остра и травы жёстки,
Слепит извёстка из угла.

И год — пускай не високосный,
Зато отмеченный, крутой,
Идёт себе — и жар несносный
Слоится, мглой перевитой, —

И, протяжён в тиши послушной,
Так душен, зол и ядовит,
Как взгляд на истину бездушный,
Где правда скрыться норовит.

Вот испаряется водица –
И день уже навеселе,
И тени хрупкая частица
В оконном плавится стекле.

Как будто возраст переходный
Сжимает пальцами виски –
И вдоль дорожки пешеходной
Струятся детства голоски.

Сокрыты влагою рябою
Стада недвижных, сонных рыб –
И примиряются с судьбою,
Как будто смотрят из-под глыб.

И вот химеры и кошмары
Уже заполнили дворы,
Чтоб сквозь расплёснутые чары
Иные виделись миры.

И только шаг уже до храма –
И жажду незачем скрывать,
Чтоб всем, кто верен мне упрямо,
Иное зренье даровать.

* * *
И простор поднебесный мглист,
И тайник подземельный пуст –
И разбойничий слышен свист,
Вот вам крест, из остывших уст.

И покой у меня угласт,
Хоть в одном он из лучших мест –
И на откуп тоска отдаст
Всё, что нынче сама не съест.

На Тепсене гостит норд-вест,
Пополняет костьми погост –
Ну а тополь глядит окрест,
Растерявшись, но всё же в рост.

Просто возраст его скуласт
И, конечно, он сердцем чист –
И настырно белёсый пласт
На широкий ложится лист.

* * *
И нет предела избавленью
От ржави, хвори и беды –
Авось седому поколенью
Зачтутся годы и труды.

Пускай оправленные стрелы
Подобно Гарпиям снуют –
Какое, в сущности, нам дело?
Нам птицы райские поют.

Пускай истерзанному телу
И отдых дорог, и приют, –
Души высокие пределы
Нам право выбора дают.

Не зря зимою в Киммерии
Блаженный чувствуешь покой
И волю чествуешь впервые,
Прозрев от близости такой.

И видишь, заново родившись,
Былого хаоса следы —
И шепчут, вроде бы забывшись,
О чём-то памятном сады.

Но заживляет свет целящий
Нагую ткань широких ран —
И от души моей болящей
Уходят морок и туман.

Знать, образумятся когда-то
Огнём палимые года —
И все, кто нежностью богаты,
Ко мне потянутся сюда.

Тогда и встретимся, пожалуй, —
А нынче розою живой,
Под снегом пахнущею, талой,
Судьба мне дарит символ свой.

Пётр Чейгин

Родился в 1948 году. Работал разнорабочим в книжном магазине, в музее Достоевского. Публиковался в самиздате с 1978 г. Первая книга издана в 2007 году. Живет в Санкт-Петербурге.

* * *
Что-то помню для себя:
прямь забора, ветхость печки,
немудрёные словечки
вылетают из огня –
полымя размерных лет...

Нет, не помню и не надо...

Тело выбьется – и радо.
Тело – радо,

Сердце – нет.

                  1.
Чужбина Солнца в теле загустела
лаская пальцы времени ловлю
Откормленное утро отравлю

Того гляди останется без дела
зеленоглазый глиняный челнок
запущенный для ветра без предела

2.
Нет нам дороги горевать Высок
исток и крутит руки
у камерных ручьёв наискосок

вмещающих в колодезной разлуке
тень Парки дунувшей на Пушкинский висок...
Мой опыт не вместит земные звуки

* * *

Я рот заткну и слух замкну,
я буду нем и глух,
и белый тополиный пух
приблизится к окну.

Я тело женское назвал
по имени и вдруг
всё тот же тополиный пух
вошёл и телом стал.

Елена Чурилова

Родилась в 1971 году, автор стихов и прозы, филолог, член оргкомитета литературной группы «Кавказская ссылка», г. Ставрополь.

Автор сборника стихов «На лезвии лета» и ряда публикаций в периодике.

ДЕВУШКИ-ПТИЦЫ

Есть девушки – хронические подростки.
Тонкоруки и длинноноги. Легкокостны.
С маленькой грудью и ямками на ключицах.
Девушки-птицы. Сирины и Алконосты.
Случайно упавшие в нашу реальность.
Сбросили перья, чтоб спрятать странность,
Чтобы смешаться с толпой. Чтоб выжить,
Иначе ведь разорвут на части.
По перышку. На амулеты (всем ведь известно: такие
                              приносят счастье).
Но тот, кто не слеп, все равно их видит.
А правда в том, что такую встретишь и потеряешь покой.
Уязвимую, хрупкую и отрешенную.
Совершенную. Бесполезную
(Ну какая быть может польза от райских птиц?)
С причудливой речью и взглядом, отравленным вечной тоской
По неземному. Привычкой смотреть сверху вниз.
И каждый шаг ей навстречу – будто по лезвию,
Но ты заранее все простил ей.

Такую не приручить. Такой
Поклоняться.
Целовать предплечья, запястья,
Кончики пальцев.
Целовать руки – подразумевая крылья.
Ей не кольца дарить и браслеты,
Не охапки срезанных лилий.
А радуги, ветры, пронзительные рассветы
И россыпи звездной пыли.
И окна в доме – огромные и все время настежь,
А счастье лишь в том, что знаешь:
Эта девочка-птица тебе не снится.
Ты ее можешь видеть, слышать, писать ей стихотворенья,
Молиться. Кормить вареньем,
Или цветочным нектаром и чистой росой поить.
Одним словом – любить.
И ждать как желаннейшую награду
Мгновенья, когда в ее лунных глазах расцветает радость.

Анна Гедымин

Поэт, прозаик. Автор восьми книг (семи стихотворных сборников и одной прозаической книжки для детей), а также сотен публикаций в московской и российской периодике. Лауреат нескольких литературных премий. Живет в Москве.

Танька

1.

Танька – самый счастливый человек из всех, кого я знаю. И дело не в том, что ей как-нибудь особенно повезло в жизни. Скорее, наоборот: с двумя мужьями развелась, осталась с дочкой и больной мамой на руках, денег нет, работа – от случая к случаю (Танька – переводчица). И все же она ежесекундно и неподдельно счастлива, хотя сама об этом, кажется, не подозревает.

Звонит мне в начале второго ночи (время для Таньки относительно, как для Эйнштейна):

– Ты спишь?

– Сплю.

– Пожалуйста, не спи. Пожалуйста! А то меня разорвет на куски.

– Ну что еще?

– Я влюбилась.

– И все?

– В человека семидесяти лет!

– Ого. Ну и как?

– Что "ну и как"? Он, едва что-то заподозрил, сразу дал деру, только пятки засверкали. Он же не идиот. Для семидесятилетнего человека мои эмоции, сама понимаешь, впечатление почти смертельное.

– Значит, теперь все в порядке?

– Наверное, да. Если не считать, что я абсолютно несчастна. Как ты думаешь, удастся объяснить ему, что мне от него совсем ничего не нужно? Тогда, может быть, он перестанет меня бояться?

– Я бы не перестала. Звонишь среди ночи, тут и тридцатилетний, не то что семидесятилетний, загнется.

– Ой, ну извини, пожалуйста! Только не вешай трубку. Ты знаешь, он такой... Какой-то родной, теплый, все понимает...

– Пора бы уж, все же не мальчик. А вообще – ты мне это уже говорила год назад про строителя...

2.

Действительно, год назад Танька, интеллектуалка, спросонок цитирующая Бродского и Саади, потеряла голову из-за крайне подозрительного мордоворота, не способного без запинки произнести даже собственное имя – Альберт. Мне о случившемся с тревогой сообщил наш общий с Танькой знакомый, старый добрый редактор Гриша. Он был очень уязвлен тем, что она излила ему на этот счет душу, – Гриша, насколько я понимаю, к Таньке уже много лет застенчиво неравнодушен. И вдруг – на тебе.

Я ее спрашиваю: "Где ты его нарыла?" А она на полном серьезе: "На грядке нашла. Отправила маму с дочкой к знакомым на дачу, а он там по соседству сарайчик снимает. Круглый год". Я говорю: "А если он захочет к тебе прописаться?" – "Пропишу, – отвечает. – Я сейчас ни в чем не могу ему отказать".

Видела я потом этого строителя – удивительный тип, что правда, то правда. Я даже в какой-то момент поняла, чем он Таньку заворожил. Все, что этот Альберт делал, получалось у него бесконечно плохо – будь то чистка картошки или строительство дома "в лапу". Среди знакомых, которым он вызывался что-нибудь отремонтировать, о нем скоро стали ходить легенды. На даче у одних он вверх ногами навесил ворота, у других в московской квартире ухитрился покрасить пол в такой бесспорный цвет, который у всех без исключения ассоциировался только с экскрементами. Для самой Таньки Альберт воздвиг целый книжный шкаф, развалившийся еще до того, как его полок коснулась первая книга. А Танька лишь моргала блестящими от восторга глазами, пылала щеками и без умолку твердила, какого замечательного мастера послала нам всем судьба.

Больше привыкший к неминуемой расплате, Альберт довольно долго чувствовал себя неуютно. Но худшие подозрения все не оправдывались, и он постепенно успокоился, приосанился и дозрел до решения на Таньке жениться. Но опоздал: дня за два до этого она его разлюбила.

– Ты подумай, какая досада, – устало рассуждала Танька, забежав ко мне по дороге в больницу (маму в очередной раз положили на обследование). – Всего неделю назад я была бы на седьмом небе от его предложения! А теперь... Знаешь, он и говорить-то толком не умеет – все "как бы" да "типа", даже неудобно. И лицо у него какое-то свинячье... Ты не замечала?

Другая, совершив подобное открытие, наверное, огорчилась бы. Но не Танька. Она превратила недавнюю влюбленность в целую россыпь анекдотических историй – о себе, оглушенной африканской страстью, о нем, изумленном непрошеным вниманием. Причем о себе она всегда говорила довольно едко, а о "невинной жертве" – по-доброму и даже с нежностью. И от этого слушать ее было еще смешнее.

Стоит ли удивляться, что не слишком преуспевший в науке любви (равно как и во всякой другой) Альберт так ничего и не понял и навсегда остался поблизости – в роли не то незадачливого Танькиного слуги, не то бывшего мужа. Таких добровольных слуг возле нее всегда было немало – из прежних возлюбленных, несостоявшихся друзей и подруг, которых она когда-то одарила своим ослепительным восхищением. Пожалуй, и себя я бы могла отнести к этой категории. Впрочем, рядом с Танькой не особенно хотелось размышлять. На каждого персонажа из своего окружения она могла в любой момент обрушить свои нескончаемые проблемы, что и делала довольно регулярно. И мы начинали эти проблемы изо всех сил решать. А в ответ приносили ей свои беды, на преодоление которых она бросалась со всей шумливой энергией. Правда, у нас постепенно складывались семьи, нормальный быт, а Танька так и оставалась неприкаянной, восторженной и счастливой. Воздух вокруг нее звенел и вибрировал от любви. Отказаться от роскоши находиться рядом было невозможно.

3.

Отец мой умер совсем молодым человеком, и его друзья взяли своего рода шефство над обезумевшей от горя мамой, а заодно и надо мной. Теперь, когда и мамы уже нет, их круг заметно поредел. Но с пожилым профессором

Николаем Ивановичем у нас за эти годы сложились особые отношения. Я стала ему вроде родственницы: интересовалась здоровьем, планами, работой, отношениями с коллегами. Он принимал мое внимание с благодарностью – семей за долгую жизнь у него сменилось немало, но душевной близости не сохранилось ни с кем, кроме меня, – ни с бывшими женами, ни с детьми.

И вдруг выясняется, что Танька влюбилась именно в моего семидесятилетнего Николая Ивановича! Более того, что и он сам совершенно потерял от нее голову!

– Как вы думаете, – советовался утративший рассудок профессор, – я должен сразу сделать ей предложение или сначала пригласить в какую-нибудь поездку? Скажем, на теплоходе вокруг Европы? Или это будет нескромно?

"Это будет для вас смертельно!" – чуть не выкрикнула я. Но не выкрикнула. Какое, в конце концов, я имею право лишать людей радости? Даже если она вредна для их здоровья?

В общем, я избрала иной путь: просто отдалилась от Таньки и Николая Ивановича. Тем более что это было несложно – после круиза вокруг Европы они отправились в свадебное путешествие на остров Бали.

– Ты не поверишь! – кричала мне Танька по телефону накануне этой поездки. – Он хочет детей! Но мне кажется, я уже слишком стара. А он – совсем как ребенок.

Я сделала вид, что у меня сломался телефон.

4.

Через год Гриша принес радостную весть: Николай Иванович совершил какое-то важное открытие в своей научной области и переселился с молодой женой, ее мамой и дочкой в Нью-Йорк. Гриша тоже почему-то к ним собирался – ему там нашли неплохую работу (видимо, как несостоявшемуся возлюбленному).

А еще через полгода Николай Иванович сам позвонил мне и неузнаваемо механическим голосом сообщил, что Танька умерла. Внезапно, во сне. И тогда я поняла, что полного и абсолютного счастья на свете больше не существует.

Фестиваль «Литературный ковчег» (Армения)

Араратское притяжение

В разное время об Армении писали Пушкин и Грибоедов, Белый и Брюсов, Мандельштам и Городецкий, Гроссман и Битов. И сегодня эта удивительная земля, этот народ, «хранящий ощущение корней, как щепку древа Ноева Ковчега», по-прежнему притягивает к себе. Земля, разделённая геополитическими границами со своим национальным символом – библейским Араратом, презрев любые границы, провозглашая слово, объединяет литературы и культуры Востока и Запада…

В 2001 году по инициативе армянских участников «Литературного экспресса» и Общественной организации «Армянское общество культурных связей» (АОКС), в Ереване был организован международный литературный фестиваль «Литературный ковчег», собравший поэтов и писателей из разных стран. Фестиваль был приурочен к 1700-летию принятия Арменией христианства и к традиционному Празднику Святых Переводчиков. Цель мероприятия заключалась в привлечении внимания зарубежных авторов к современной Армении, к возрождению связей литератур и культур, продолжению творческого диалога между писателями, издателями и переводчиками. По инициативе министра культуры Армении госпожи Асмик Погосян, фестиваль стал ежегодным. Каждый раз Армению посещает всё большее число участников, среди которых и мировые литературные знаменитости и молодые авторы, и те, кто впервые открывают для себя библейскую землю и те, кто, однажды побывав, снова и снова возвращаются сюда.

Однажды побывав в Армении, не написать об этом уже невозможно. По окончании каждого фестиваля выходит сборник литературных произведений, отражающий размышления, впечатления и заметки участников о путешествии. Араратское притяжение слишком сильно! Не случайно, именно под этим названием – «Араратское притяжение» – в 2013 году в ереванском издательстве «Вернатун, Аредит» при поддержке Министерства культуры РА вышел итоговый сборник очерков, рассказов, стихотворений и эссе, включающий избранные произведения четырёх прошедших фестивалей (составитель – Нерсес Тер-Варданян, руководитель проекта – Асмик Погосян, министр культуры РА). Эта книга не гид-путеводитель по стране, эта книга – путеводитель по писательским эмоциям, по внутреннему пониманию и ощущению Армении, книга – признание в любви стране, народу и нации в целом.

Творческое общение ковчеговцев продолжается и за пространственными и временными пределами фестиваля: одним из примеров подобного сотрудничества стал билингва-сборник современной армянской и русскоязычной поэзии «Буквы на камнях», вышедший в 2013 году в Москве в издательстве «Художественная литература», при поддержке Министерства культуры РА, Федерального агентства по печати и массовым коммуникациям (Россия), общественной организацией «Переводчики стран СНГ и Балтии» (Армения) и культурно-благотворительного фонда «Грант Матевосян». В сборник на языке оригинала и в переводе, вошли поэтические произведения 22 армянских и 22 авторов, пишущих на русском. Составители и авторы идеи проекта – Елена Шуваева-Петросян, Геворг Гиланц, Давид Матевосян, Вика Чембарцева. Презентации успешно прошли в Ереване, в

Москве, книга была представлена в Ташкенте, Душанбе, на поэтическом фестивале в Грузии.

Ещё одним проектом, сложившимся в результате фестиваля «Литературный ковчег», стал выход в свет поэтической книги на трёх языках «La marcia dell'ombra / Марш тени» (издательство «Зангак», Ереван, 2013) итальянского поэта Клаудио Поццани, неоднократного участника «Литературного ковчега», директора поэтического фестиваля в Генуе. Переводы на армянский язык выполнены Давидом Матевосяном, переводы на русский – Викой Чембарцевой. Сборник был представлен в Ереване, в Москве и на поэтическом фестивале в Генуе.

Армения. Земля Ноя.. Если Бог искал место покоя для глаза и духа, здесь Он нашел самое лучшее. Смещение и смешение пространств. Время, падая тут с высоты, становится вертикальным и останавливается. Увидев Армению, подробно влюбляешься в неё. И это удивление от испытанного чувства, рождает новое писательское слово...

Вика Чембарцева
поэт, прозаик, переводчик (Молдова)

Эдуард Аренц

Поэт, переводчик. Родился в 1981 году. Окончил факультет арабского языка и литературы в Каирском Государственном Университете (2004). Магистр Востоковедения.

Переводы Вики Чембарцевой

* * *

Над кипящими танцующими водами
моления –
мои глаза, как города-растения,
где ночи пестиков
отвержены
лучистыми ресницами стихотворения.

* * *

После каждой луны неполной,
перед каждой полной луной,
всплеск за всплеском в моём дыханье,
вырастают вниз головой,
Отче, видишь: небелоснежной,
тёмно-белой розы шипы –
        дни непрожитые твои.

Рузанна Восканян

Родилась в 1989 году в Ереване. Аспирант филологического факультета Ереванского Государственного Университета. Участница Форума молодых писателей в Липках – 2012, 2013 гг.

Перевод Елены Шуваеваевой-Петросян

* * *

Сегодня я не буду рассказывать сказку для малышей –
сегодня одноглазая медведица не станет матерью
и три тыквы не упадут с неба.
Для рассказчика, слушателя и просто верящего в россказни
с возрастом длиннеют винтовки,
и улицы пустеют, как небо.
Сегодня я не буду рассказывать сказку
о бегущих по улицам желтых листьях,
и ты не будешь осторожно пробираться ко мне,
чтобы украсть меня.
Сегодня я выросла ровно на один день
и по-взрослому уйду от тебя,
как только почувствую,
что у тебя нет никого,
кроме меня…

Арусяк Оганян

Родилась в 1975г. в Ереване. По профессии – финансист. Армянская писательница, член Союза писателей Армении.

Перевод Елены Шуваеваевой-Петросян

ПЕРЕД ПЛАЧЕМ

Спрятала свою кисточку
И играешь в ленивую осень
На бесцветных тропинках дня,
Убегающих в небо.
Назначь мне роль
В твоей новой пьесе –
Я привыкла быть покорной марионеткой.
Опоздай,
Тихо собирая свои дожди
В задушенном крике горла.
Я покраснею и пожелтею
Вместо тебя.
Сведенными судорогой,
Корявыми пальцами
Оборву, общиплю
С серых деревьев
Безжизненные листья.
Прогремлю и гряну,
Как гроза,
Но когда придет время
Твоего звездного плача,
Забудь меня, утомленную нарочитой грустью,
В мастерской кукольного мастера.
Грусти.

Клаудио Поццани

Родился в Генуе в 1961 году. Поэт, прозаик и артист известный как в Италии, так и за ее пределами. Организатор поэтических перформансов, представляемых им в рамках известных международных литературных фестивалей. Его стихи переведены более чем на 10 языков и опубликованы в различных международных антологиях и журналах поэзии.

Перевод Вики Чембарцевой

МОЕЙ МАТЕРИ

Увидел твоё лицо в той комнате
я – испачканный кровью и слизью
ты – растеряна и любопытна
Я пытался сказать
что не знаю, хочу ли я жить вне тебя
но слова, пребывавшие в голове
перемешивались друг с другом во рту
В этот самый момент я познал:
вся грядущая жизнь – лицемерие и парадокс
только что я доставил страданья тебе
из-за меня ты кровоточила
и всё же плакал – я
а ты мне улыбалась
Видел твоё лицо в той комнате
пока меня забирали
было слишком суетно, для того, чтобы я мог сказать,
                       как был счастлив
что чрево, приютившее меня,
наконец обретало лицо

А чуть позже, мы с коллегами
обсуждали реинкарнацию
вечное возвращение, циклы Вико
но мне не терпелось увидеть тебя снова
узнать твоего мужчину и вашего сына
чьи голоса я слышал приглушённо и далеко
Я увидел твоё лицо в той комнате
и отдал бы всё за то
чтобы вспомнить.

IV. Регионалистика: Узбекистан

Вадим Муратханов

Поэт, прозаик, создатель сайта современной русскоязычной поэзии Узбекистана «Два берега» (www.uzbereg.ru). Родился в 1974 году во Фрунзе (ныне Бишкек). В 1996 году окончил факультет зарубежной филологии Ташкентского государственного университета. Автор семи книг и публикаций в журналах «Дружба народов», «Арион», «Новый мир», «Октябрь» и др. С 2006 года живет в Подмосковье.

* * *
Вдали от капель, что наперебой
подробно разлетаются на жести,
ты где-нибудь становишься другой,
все дальше, непонятней в каждом жесте.
Но слушать дождь мне хочется с тобой.
И значит, мы наполовину вместе.

ИЗ ЧУЛПАНА

Любая боль доболит до конца,
и в душе уляжется дрожь.
Ты однажды в изгибах другого лица
непременно меня найдешь.

Буду снова дышать с тобой в унисон
и твои подсматривать сны.
Если ветром осенний лист унесен,
подожди его до весны.

* * *

Все, чему дано случиться,
тихо в двери постучится.
Дома нет меня давно.
Я оставил за спиной
инструмент самоубийцы –
календарик отрывной.

Для меня – высокий берег,
предрассветных листьев дрожь,
лунных африк и америк
оплывающий чертеж...

* * *

Цветные рыбки по обоям
плывут судьбе наперерез.
Переселиться нам обоим
в их нежилой подводный лес.

Вот я – ушел прозрачным боком
в нестройно мыслящий тростник.
Вот ты – большим янтарным оком
косящая на мой плавник.

В ночь на микрон, на миллиметр
сближаемся. Текут века,
жильцы проходят незаметно,
и не кончается река.

* * *

О том, что карманный фонарик
не будет починен вовек,
о киселе, недоеденном
в ненаступившем завтра,
о том, что солдатик зеленый
не будет отыскан в траве, —
надо же предупреждать,
нельзя же вот так внезапно.

* * *

Пока вы не отвыкли от дыханья
и речи близких в памяти свежи,
нет ни души вокруг. Киномеханик
бесплатно крутит прожитую жизнь.

Вот входите вы с робостью ребенка
в пустынный зал на сорок мест.
Стрекочет и потрескивает пленка,
пока смотреть не надоест...

* * *

Сладко вишню воровать!
Вон участок над забором,
что остался не оборван.
Ты глядишь туда без сил.
Над тобой тугая мякоть,
зелень листьев, неба синь –
и тебе охота плакать.

Сладко вишню воровать,
но кончается охота.
Снова в долгую субботу
не застелена кровать.
За окошком, как привык,
тополя. А там, где память, –
сон жует сухую мякоть...

Рифат Гумеров

Родился в 1958 г. близ Джамбула. Поэт, прозаик. Редактор альманаха «Ark». Произведения публиковались в журналах «Звезда Востока», «Юность», «Смена», «Студенческий меридиан», «Дружба народов», «Новая Юность» и др. Автор трёх поэтических сборников. Живет в Ташкенте.

ИЗ ОКНА ВАГОНА

Оттуда – где был Моисей пастухом, пастухом,
И библейские луны катились, как дыни, как дыни,
Из той ветхости ветхой, далекой – оттуда, оттуда

Александрийским стихом
По безводной и жаркой пустыне
Караванами пыльными плыли и плыли верблюды...

Сквозь сыпучесть времен, сквозь зыбучесть барханов, барханов,
Из той ветхости ветхой, далекой – оттуда, оттуда
Сквозь бездушное небо пустыни, ни разу не бывшей в слезах,
Величаво плюя на царей, фараонов и ханов,
Караванами пыльными плыли и плыли верблюды –
Грусть усталых веков – в их глазах, в их глазах, в их глазах...

Две стальные черты зачеркнут вдруг дорогу в пустыне, –
По которой вела караваны верблюжья звезда –
Непустым исключеньем пустынных, старинных законов...
И в глазах у верблюдов замелькают отныне, отныне –
Поезда, поезда, поезда...
Караваны вагонов...

ЛУННОЕ ОЗЕРО

Здесь голый камень.
Ни тропинки…
Хоть головой
    об скалы
Бейся…
Медовый запах
Эдельвейса –
Лишь здесь.
Но больше –
    ни травинки…

Как мусульманский
Полумесяц –
В ущелье
Озеро лежит.
Орел здесь надпись сторожит:
«Рифат + Гуля».
Август месяц…

* * *
Домой вернулся – не узнал
Двора.
Не год – домой не приезжал –
Не два.
И вот приехал – вырвавшись
Едва…
Кружится здесь от детства
Голова.

И пахнут апельсинами
Дрова.
И кажутся красивыми
Слова
Простые, словно небо и
Трава.
И славы словно не было –
Молва…
И жизни словно не было –
Была.

Алина Дадаева

Родилась в 1989 году в городе Джизаке (Узбекистан). Стихи публиковались в альманахах русскоязычной поэзии Узбекистана, литературных журналах «Звезда Востока», «День и ночь», «Звезда», «Новая Юность».

Принимала участие в Форуме молодых писателей в Липках, в 2012 году стала участницей Международной писательской программы Университета Айовы (США).

* * *
Рассея.
Рассеяв
со свистом,
бесстрастно,
беспечно
без почвы
оставив,
расставив
все точки
всеточно
над сорванным кушем.
Своих – словно сор,
как листовки,
как письма.
Как спится тебе,
золотая кукушка?
Не снятся
казахские серые степи,
ферганская глушь,

где ни слова по-русски?
А мы тебе – грузом.
А мы тебе – лишни.
А мы тебя – матушкой
кличем.

***

Перевернутый мир хрупок –
кинешь камушек – и пойдет кругами.
А кто-то его сапогом.
Нарушится чуткое равновесие,
весело
задрожат неокрепшие крыши,
рыжие
лиственные погоны.
И – снова чисто.
А по эту сторону темь и ругань.
И тоже – кругом.
Кольцом удавьим,
давным-давно на перст надетым.
Поддеть бы
тоненькую пленку – и раствориться.

Николай Ильин

Родился в 1950 году в Златоусте. Поэт, переводчик. Окончил филологический факультет Ташкентского Государственного университета, преподавал русскую литературу. Кандидат педагогических наук, доцент.

Стихотворения публиковались в журналах «Звезда Востока», «Восток свыше» и др. Автор нескольких книг стихов. Живет в Ташкенте.

* * *
Открыта дверь на сумрачный балкон,
В просветах листьев осень солнце ловит;
Но я не в состоянье сбросить сон
И к осени сознанье приготовить.

В бесцветный день душа погружена,
Где тусклый свет и угасанье мысли,
Как исчезающая желтизна,
Готовят к пустоте небесной выси.

СЕНТЯБРЬСКОЕ

1.
В краю цветов, угасших навсегда,
В пространстве снов, неведомых, как сердце,
Проснется слов опавшая листва,
И прозвучит сентябрьское скерцо.

Нотариус судьбы старается не зря,
Он силится спасти слабеющие знаки –
И переносит роспись сентября
С листов древесных мне на лист бумаги.

Под знаком осени минувшего стезя
Являет вензель брошенной дороги,
И словом выразить почти уже нельзя,
Того, что не рассудит мудрый логик:

Небывших лет потертый негатив,
Чужую жизнь под именем былого,
Зачем-то в мой внесенную архив
И мне на стол положенную снова…

2.

Сентябрьский день отбрасывает свет
На блеклую поверхность саркофага
И выставляет прошлого портрет,
Где, как листва, пожухлая бумага.

Но сила осени склоняется ко сну.
Не спрашивай – я отвечать не буду:
Не объяснить, как я обрел весну –
Без тайны не бывает чуда!

Я навсегда из прошлого уйду,
Где осень мне оставила постскриптум,
Где высох цвет в заброшенном саду
И замер звук расклеившейся скрипки.

Я трону дверь неопытной рукой
И выйду в мир возвышенного детства –
В пространство времени, что вечно предо мной,
Под звуки музыки, неведомой, как сердце…

Вика Осадченко

Родилась в 1980 году в Ташкенте. Член Союза писателей Узбекистана. Стихи публиковались в журналах «Звезда Востока», «Дружба народов», «Новая Юность» (Россия), «Интерпоэзия» (США) и др. Живет в Ташкенте.

* * *
Задеваешь ветку плечом –
неумышленно, безучастно.
Год спустя эта ветка еще
продолжает качаться.

Не теряется ничего.
Всё – на счет. Всё подколют к делу.
Каждый лишний шаг – разговор
отдельный.

Будто мало других причин,
чтобы все покатилось к черту:
от судьбы до тоски почти
безотчетной.

И живешь себе до поры,
и подвоха не ждешь. А там уже
разбегается вниз с горы
первый камушек...

* * *
Крик детей, рев машин, попса –
шум, как в городе и должно
быть. Но звуки и голоса
заглушаются тишиной.

Это знают птицы и те,
кто ночами лежит без сна.
Там, над крышами, в высоте –
неизменная тишина.

Глубже вслушайся, сам проверь:
ничего не меняя в ней,
весь наш гомон скользит – поверх.
Тишина стоит в стороне.

Ты ее не берешь в расчет –
непонятна, мол, далека.
А она сквозь тебя течет,
как сквозь дудку из тростника.

Бах Ахмедов

Окончил физический факультет МГУ. Кандидат физико-математических наук. Живёт в Ташкенте.

Стихи и проза публиковались в альманахах и журналах: «Звезда Востока», «Новая Юность», «Урал», в «Литературной газете» и многих других изданиях. Лауреат Международного поэтического конкурса «Пушкин в Британии» за 2007 и 2012 годы. Участник 6-го Ташкентского Фестиваля поэзии 2008 г.

Снег

Меня разбудило слово «снег». Оно было как мостик между внезапно оборвавшимся сном и явью, которая еще не успела захватить полностью мое сознание. В самом же сне все было фальшиво, нелепо и как-то бесцветно. Был незнакомый дом, полный незнакомых людей, которые обменивались лицами при каждом рукопожатии. Был странный седой человек с глазами цвета жженого сахара. Он был одет во фрак, был худощав, сутул и насмешлив. Длинные волосы спадали на плечи… Жалкая пародия на Паганини, словно созданная из наших клише о великом скрипаче.

Когда я спросил его о скрипке, он странно улыбнулся и ответил, что скрипка скоро прибудет, багаж потерялся в 17 веке. Затем жестом пошлого фокусника он извлек из воздуха спичечный коробок, открыл его и высыпал на ладонь осколки синего стекла разной формы и величины. И какая-то мысль, а может ощущение, сладким холодком беды пробежала у меня по спине. Словно издалека я услышал свой голос: «Вы предсказатель?» «Паганини» молча кивнул головой и сжал руку в кулак. «Что ты хочешь узнать?» – спросил он, морщась от боли.

И в этот момент я предал тебя, Настя. Я назвал твое имя. Но вопрос так и не был задан, он повис в воздухе, застрял у меня горле, обметал мне губы лихорадкой ужаса. «Паганини» разжал кулак, и я увидел у него на ладони пустую скорлупу от ореха. И еще, несколько капель крови.

«Пока тебе нечего бояться, – сказал старик, – Но когда появится снег...» «Снег? Мы расстанемся с ней зимой?» – вопрос вырвался раньше, чем мой мозг успел его сформулировать. «Пагинини» лишь усмехнулся моей наивности и еще раз повторил: «Снег». И тут же все завихрилось, мириады снежинок белым занавесом упали между нами, и я протянул руку в пустоту. А потом я вывалился из сна, испуганный, растерянный, разбитый на осколки недоверия и надежды.

Я открыл глаза, и увидел тебя. Твой сон был глубок и красив, а золотистые волосы плавными волнами стекали по подушке. Одеяло сползло куда-то на северо-запад, и ты была пугающе прекрасна в своей беззащитной наготе.

В сером, несмелом свете осеннего рассвета я смотрел на тебя, такую легкую, такую прозрачную в океане сна, и ощущал странную смесь радости и тревоги, восторга и отчаяния.

Потом наступил день, обычный, привычный, с чиркающим спичками утром, с новостями и пошлыми гороскопами, с душем и полотенцем на бедрах. С дождем за окном и шипением воды в красном чайнике. С твоими мокрыми волосами и запахом подгоревшей яичницы. Все было так знакомо, и все казалось таким надежным. Но в этой прочной надежде уже таилась какая-то неясная угроза. Мне казалось, что стоит мне выйти на улицу, и все обрушится, перестанет существовать: дома, пешеходы, машины, магазины. Но все осталось на своих местах, когда мы вышли с тобой под дождь:

два человека, два зонтика, два поцелуя и два слова, не считая предлога: «До вечера!» «Хорошего дня, милая!» Ты всегда любила ходить на работу пешком, в любую погоду. «Пойми, Олежек, эти пятнадцать минут для меня как медитация на свежем воздухе перед погружением в офисный аквариум» – виновато объясняла ты, когда я пытался подбросить тебя до работы.

Я ехал по городу, спорил со светофорами и думал: «Предсказания – чушь, предсказатели – шарлатаны». Но снова и снова перед глазами плясала тень Паганини, снова и снова гудели справа и слева машины, сердились, плевались, обгоняли меня. А я ехал медленно, потому что не хотел обгонять свои мысли. Я мечтал, чтобы они улетели вперед и забыли про меня. Можно не верить предсказателям, думал я, но как быть со сном? Я знал, что иногда мои сны сбываются, сбываются предательски невовремя, и я был бессилен предотвратить это сбывание. И еще, были мысли о календаре, о часах, о снеге. Сегодня 11 ноября и снег может выпасть со дня на день. И где-то за ними – черная тень других мыслей, мыслей, к которым я даже боялся подпускать слова. Боль острой иглой прошивала разум, легкие, сердце. Становилось трудно дышать, смотреть, поворачивать руль.

А потом все вдруг оборвалось, унеслось вихрем других забот, дел, сдачей срочных статей, командировок в провинцию и редакционных летучек.

Снег выпал через пять дней. Я смотрел на него с ужасом, а ты ничего не могла понять, пыталась отвлечь меня, шутила и предлагала сходить в кино. Но что-то уже случилось, и это что-то вертелось в голове, терзало и смеялось надо мной.

Ах, как я ошибался! Как напрасно я себя тогда мучил. Тогда, четыре года назад, ничего не произошло, и не могло произойти. Но разве я знал об этом? Зима была снежная и очень холодная, долгая и выматывающая, но мы были вместе, так вместе, как никогда, пожалуй, ни до, ни после этой зимы, которой я боялся. По ночам мы растворялись друг в друге, не могли насытиться слиянием, а потом долго смотрели на качающуюся от ветра тень тополя на потолке. За стенкой надсадно кашлял одинокий старик, и мы не знали, как ему помочь. Его время просачивалось сквозь стены, он умирал от пустоты, а мы умирали от неподсудного и бесстыдного счастья.

Как обманчивы всегда бывают эти сны счастья! Как умело они скрывают расползающуюся по швам ткань времени!

Потом было еще три зимы, и в каждой из них наш город укрывался снегом, засыпал, усыплял, делился с нами своими снами. Но наше небо было по-прежнему чистым, и ничто не предвещало катастрофы. И все-таки, она появилась, появилась внезапно, развернула меня лицом к будущему и заставила открыть глаза.

Это случилось в самом начале лета, когда я был более, чем спокоен, даже если вспоминал свой сон: до зимы еще много времени, целая вечность, не правда ли? Наши друзья пригласили нас с тобой на вечеринку по случаю десятилетней годовщины их совместного супружеского плавания. «Ты иди, я подойду ближе к девяти, мне нужно срочно отослать материал» – сказал я тебе, и сел за свой ноутбук. Но что-то смутно меня тревожило, мысли расползались и текст упорно не хотел двигаться вперед. Это был настоящий ступор, из которого меня буквально вырвал телефонный звонок главреда Рейна. «Можешь расслабиться, твой материал пойдет в следующий номер, так что у тебя еще неделя. Работай спокойно, мне нужно качество». Глубокий выдох. Взгляд на часы, попытка понять, что делать дальше. Нужно было вставать и ехать на торжество. Я смотрел на человека в зеркале и меня пугал его взгляд. Рука с бритвой неловко скользнула по щеке, и невидимый красный маркер провел по ней тонкую короткую полоску. Я прислушивался к своим мыслям, к тишине в квартире, к тиканью часов и шагам старика за стенкой. Было еще светло, в воздухе летал тополиный пух, а во дворе раздавались детские голоса. Я пытался понять, что происходит внутри и почему маленькая тревога острыми коготками царапает мне сердце, но все ускользало, разум твердил, чтобы я не занимался глупостями и поспешил на вечеринку.

Без четверти восемь я уже входил в дом, наполненный торжественными речами, едой и выпивкой. Гости разбрелись по дому, по саду, стояли кучками, парами или в одиночестве, с бокалами в руках, красное и белое вино, виски, и много другого алкоголя, всех цветов и оттенков иллюзорной радости прикосновения к истине.

Я поздравил молодоженов, произнес тост, и выпил до дна протянутую мне чьей-то заботливой рукой рюмку водки.

Через несколько минут я увидел тебя: ты стояла в саду и разговаривала с высоким подтянутым мужчиной, к чьей шевелюре не раз прикасалось время, оставляя на ней свои серебряные мазки. Острый подбородок, умные глаза, точные жесты… Что еще нужно для костра ревности? Но ведь я не ревнив! Во всяком случае, так мне всегда казалось раньше. И даже сейчас, помимо ревности, было что-то другое, намного более страшное. И этим чем-то была моя интуиция. Она почти никогда не ошибалась, и я порой ненавидел ее за это. Интуиция взглянула на вас и прошептала мне всего несколько слов, но каждое слово вонзалось ледяной иглой, обжигая сердце. «Но ведь сейчас лето, чего ты боишься?» – с удивлением возмущался разум, вспомнив нелепые зимние страхи. На несколько минут эта анестезия подействовала, стало легче, потом совсем легко и беспечно.

Я вернулся в комнату, налил себе виски и выпил залпом, ловя на себе удивленные взгляды окружающих. Но мне стало все равно, и уже не страшно было выйти в сад, и подойти к тебе. Даже твой растерянный взгляд, вызванный моим преждевременным появлением не поколебал эту беспечность.

И только когда ты начала нас знакомить и сказала: «Олег, познакомься, это Александр, очень интересный художник, мы как раз говорим о его последней выставке», и когда художник, слегка наклонив серебристую голову, протянул руку с тонкой кистью и длинными костистыми пальцами и произнес глуховатым тихим голосом «Александр Снег, рад познакомиться! Настя много рассказывала о Вас», только в этот момент все мгновенно вернулось, пазл сложился и картинка выстроилась с беспощадной ясностью, не оставляющей никаких сомнений, никакого пространства для маневра в сторону самообмана. А потом я услышал, как с нарастающим звоном осыпаются все мои напрасные надежды, заглушая твое встревоженное «Что с тобой, Олег? Ты в порядке?», – и притворно-участливый голос художника, чья фамилия была как точный выстрел судьбы, снявшей, наконец, все свои утешительные маски.

Все остальное вспоминается мне смутно: попытка подраться со Снегом (как можно драться со снегом!), безобразный скандал, разбитое окно и поваленная кадка с фикусом, крики гостей и твои слезы. Я не помню, как вернулся домой, не помню слов, которые ты говорила мне на следующее утро, как не помню и того, что происходило первые месяцы после твоего ухода.

Да и к чему помнить? Все сметено безжалостным снежным вихрем, и сейчас мне кажется, что жизнь давно позади, хотя с того дня не прошло и пяти лет. В памяти остались несколько минут призрачного счастья, кофе по утрам, запах твоего тела, твои зеленые глаза, внимательные, умные, и в то же время немного детские. Осталась интонация твоего голоса, когда ты притворно сердилась на меня за то, что я снова уснул с книжкой на диване, и твои невесомые руки, которые сводили меня с ума в постели. И еще, то ноябрьское утро, когда мне приснился Паганини и его слово «снег», оставившее во мне тревожное предчувствие беды.

Иногда я встречаю вас на общих мероприятиях. Снег стал еще более снежным, а ты не меняешься. Мы вежливо здороваемся, обмениваемся дежурными фразами, и расходимся в разные стороны, но за эти несколько секунд я успеваю прочитать по твоим глазам все, что спрятано за холодными вежливыми словами. И тогда я понимаю, что есть струны, которые не в силах засыпать ни один снег в мире. Утешает ли меня эта мысль? Возможно, да, но я не хочу об этом думать. Я слишком устал для призрачных утешений, чтобы цепляться за них.

Я сижу у окна и смотрю на большие снежинки, которые медленно падают на землю. Город погружен в ночное белоснежное оцепенение, по дороге изредка проезжают запоздалые машины, а под фонарем возле остановки обнимается парочка.

Старик за стенкой умер в прошлом году и в его квартире поселилась молодая семья. Теперь по ночам вместо кашля старика я слышу их любовные стоны. Громкие, откровенно-бесстыдные, наполненные пронзительным наслаждением стоны двух существ, пытающихся преодолеть непреодолимые границы. А они слышат мой простудный кашель и не знают, как мне помочь.

Улугбек Хамдам

Узбекский прозаик, поэт, литературовед, переводчик. Родился в 1968 году, окончил филологический факультет Ташкентского государственного университета, аспирантуру при факультете узбекской филологии Национального университета Республики Узбекистан. Автор нескольких романов, сборников стихов, множества научных исследований. Живет в Ташкенте.

Пиала воды

Перевод Саодат Камиловой

Передо мной была поставлена задача. Но почему именно передо мной? – Не знаю. Кто и при каких обстоятельствах дал мне поручение? – этого я тоже почему-то не могу вспомнить. Всё, что осталось в памяти – так это то, что я должен доставить до наступления сумерек до места назначения навьюченную чем-то тележку, запряженную двумя лошадями. А почему до наступления темноты? Ответ для меня тоже неизвестен. И еще, мне сказали: «Самое главное не сбиться с пути и вовремя доставить груз». Все это превратило мою миссию в загадочную головоломку.

Да, странное это дело. Зачем нужна старая допотопная арба, когда столько современных средств передвижения? А нагруженный на неё багаж? Что это? Сверху на груз было наброшено тряпьё и туго обтянуто какой-то ветошью. Больше, даже захочу, не смогу рассказать вам...

А сейчас высокое полуденное солнце ласково греет моё молодое тело. Лошади мерной рысью мчатся вперед. Изредка подергиваю поводья, этого достаточно для смышленых животных –

они не медлят. «Боже мой! Какие же они все-таки сообразительные! – говорю сам себе. – Словно осведомлены о важной задаче!»

Поначалу пою во весь голос. Понимая, что нужно беречь силы, невольно перехожу на мурлыканье, напевая все, что приходит на ум. Продолжая пение, озираюсь по сторонам, и моя молодая душа наполняется радостью. Широта и необъятность горизонта приводит меня в волнение и восторг. Я полон жизни, сил, чувства переполняют меня, и я кричу, сотрясая окрестности: «Ууу-лууу-ууг!». Через мгновение эхо возвращается: «Гууу-лууу-ууу-ууу!» Внезапно внутри меня все холодеет, в летнюю жару лоб покрывается ледяным потом. Окидываю взором окрестности, словно ища защиты. Больше кричать не хочется… Какое-то время еду молча и начинаю скучать от однообразного и безмятежного окрестного пейзажа…

А тем временем день расстилается, захватывая весь мир в свои объятия. Вдруг начинаю чувствовать, как внутри меня медленно рождается желание попить воды. Оглядываюсь вокруг в поисках родника. Но, черт его дери, нигде источника не видно. Мне уже казалось, что я проехал целую вечность. На самом же деле совсем немного. Вероятно вся причина в жажде. Э-э, да ладно, что бы ни было. Сейчас не это обсуждать надо, сейчас главное вода! Где же найти её? Надо подумать… Вот если бы найти в этой иссохшей степи колодец с кристально чистой водой и вдоволь напиться! По крайней мере, я согласен и на одну пиалу воды. Одна пиала воды…

Беспокойно всматриваюсь в синеву – ещё достаточно времени до полудня. В чистом небе лишь изредка плывут облака. Лошади шагают невозмутимо и размеренно, словно не чувствуя жары. Над головой оживленно щебеча летают несколько птиц,. Вспоминаю: они же с самого начала были моими попутчиками. Удивительно! Я тут же успокоился, постепенно приходя в почти восторженное состояние. В конечном счете, всё: дорога, высокие барханы, облака, птицы в небе... все-все помогают мне достойно выполнить моё задание! Эти мысли и чувства переполнили меня. Мне снова захотелось весело закричать, но я побоялся: как бы моё желание не закончилось так же как в прошлый раз...

Да, летом уже с утра так печет, так печет. Жажда переполняет меня, в моем сознании возникают огромные водяные лужи, от которых рябит в глазах. «Мира-а-а-аж», – шепчу себе, волнуясь и тревожно причмокивая. «Какой же бестолковый невежда», – ругаю себя. – Почему я не захватил с собой хотя бы один кувшин с водой! Знал же, что пускаюсь в путь в такой зной и солнцепек!»...

Почувствовав дурноту, стал оглядываться по сторонам, словно ища спасения. Лошади, учуяв неладное, замедлили ход. Я не дергаю поводья, бедные животные тоже страдают от жары, пусть шагают, как хотят. Эх, будь, что будет! Медленно идет время, нагруженная арба еле движется, колеса ужасно скрипят и крутятся все медленнее. Чертыхаюсь: «И во сколько же обошлось смазочное масло?! Насухо вытираю белым платком мелкие капельки пота, выступившие на лбу.

Место назначения!.. Э-ге-ге, оно еще так далеко, как недосягаемый горизонт. Так, успокойся! Мне пояснили, что если я буду ехать прямо, не сворачивая, то доберусь до наступления сумерек, что эта дорога сама приведет меня до места. Я верил в это. Моя вера была бы незыблема, если бы не жажда. Однако желание напиться постепенно, но неумолимо и безжалостно полностью захватывало все моё существо. Казалось, что внутри меня перемещаются горячие барханы, подобные верблюжьему горбу.

Вдруг вдалеке показалось что-то, похожее на водоём. Я не поверил своим глазам, боясь, что это мираж. Действительно, водоёма так и не оказалось. Но вдруг постепенно стало вырисовываться что-то весьма внушительное. Это оказался огромный караван-сарай у самого края дороги. От радости я не заметил, как остановил лошадей, как соскочил с арбы и мгновенно оказался напротив настежь отворенных ворот! Ах! В тот момент мне словно заново вернули жизнь!..

У порога меня встретила стройная красавица с большими чёрными глазами и улыбающимися полуоткрытыми алыми губами. Я не успел открыть рот, а она уже указывала мне на журчащий источник, находящийся неподалеку. Я бросился в ту сторону. Сбоку от родника на тоненькой цепочке, вероятно, чтобы никто не унес, висела расписная медная пиала. Наполнив её водой, жадно выпил. Я думал, что смогу осушить как минимум 4-5 пиал, но ошибался, мне оказалось достаточно одной. Это поразило меня. Я крепкий, сильный юноша, с утра страдавший от непомерной жажды, смог утолить ее какой-то одной крошечной пиалой?! Да, ну ладно, оставим эти разговоры. Главное я избавился от муки! Глаза мои засияли от полученного удовольствия, и я готов был к продолжению путешествия. Затем я умылся. И всё!..

Теперь только вперед! Я не должен задерживаться здесь и вообще нигде, должен сейчас же, не мешкая, идти, не отклоняясь от маршрута! Мне поручили очень важное задание, и я принял его всем сердцем и душой. Если бы не принял, то не отправился бы в путь. Это я знал. Не теряя времени, порывшись в карманах, я вытащил деньги. Однако, скромная девушка не взяла их, а направилась в дом, жестами приглашая меня: мол идите туда, там заплатите. Я невольно шагнул внутрь. Эге-ге! Куда я попал?! Какой же пышный, роскошный и богатый уголок в голой пустыне! А людей... видимо-невидимо! Великолепное двухэтажное здание, двор, словно ласточками, сидящими в ряд, заполнен праздными людьми. Гляжу я на их довольные лица и завидую. Эх, если бы... если бы не ответственное задание, тоже остался бы здесь, присоединившись к их утехам и наслаждениям. Если бы не задание...

Я на минуту растерялся: куда мне идти, кому платить за воду? Смотрю и вижу людей, там, в уголке: они стоят, чинно выстроившись в ряд. На их лицах почему-то нет ни радости, ни удовлетворения. «О, боже, – удивленно шепчу себе. – Как странно! Их мрачные лица совсем не соответствуют величию, роскоши, общему приподнятому настроению людей, которые вкушали наслаждения, и, казалось, были счастливы!» Я невольно направился туда, предположив, что именно там можно заплатить деньги. Когда я обходил хмельных и довольных посетителей, сидевших в кругу, у меня пересохло в горле...

В самом деле, место, которое я искал, оказалось там. Встав в очередь, я с беспокойством подумал: «Неужели, для того, чтобы заплатить всего лишь за пиалу воды, я потрачу столько драгоценного времени? Ведь у меня была задача, задача!» Озираясь, я с надеждой посмотрел на прислуживающих лакеев, с виду похожих на щеголеватых административных работников, даже подошел к некоторым, но что греха таить, они даже слушать меня не стали, хладнокровно и бесстрастно указывая в сторону огромной людской очереди. И тогда я понял состояние и подавленное настроение людей, стоявших в очереди. Молча, я встал в хвост очереди...

...если бы я знал, что за одну пиалу воды мне придется потерять столько времени и сил в мучительном ожидании, что придется, испытывая угрызения совести, думать о невыполненной задаче, разве я зашел бы сюда?! Легко сказать...

Мне не терпелось излить душу товарищам по несчастью, но в ответ – тишина. «Все они немые что ли, словно в рот воды набрали? – с отчаянием думаю я.

Ох, как надоедает стоять неподвижно, как вкопанному. Сажусь на корточки, чтобы немного передохнуть, через какое-то время ноги мои немеют, и я волей-неволей встаю. Теперь у меня нет ни желания, ни сил разговаривать… Я начинаю наблюдать со смешанным чувством злорадства и удовлетворения за одним из стоящих в очереди, который, как и я когда-то, кружит с вопросами. Я становлюсь таким же глухим и немым. Одновременно с интересом наблюдаю за сидящими на площади и за теми, кто в очереди – у всех входящих, глаза светятся радостью и надеждой, а при выходе полны досады и сожаления. Теперь я уже с жалостью гляжу на праздных людей, заполнивших площадь и дом. «Каково же им было бы, если бы они ведали обо всем?!» – думаю я про себя.

Прошло время, происходящее вокруг утомило меня. Опустившись на корточки, я закрыл глаза. Через некоторое время я опять всем своим существом ощутил уже знакомое мучительное чувство жажды. Быстро открыл глаза! О горе, что это? Я стою в очереди, чтобы заплатить за пиалу воды, которую осушил совсем недавно, и теперь мне снова захотелось пить? Но выйти из очереди и опять отправиться к источнику не решился: ведь я мог потерять свой черёд. Людская очередь была бесконечна! Я буквально сходил с ума, от того, что должен стоять здесь. И кто же осмелится выйти из такой очереди. Стиснув зубы, продолжаю ждать…

Время тянулось невообразимо долго, люди двигались иногда медленно, иногда чуть быстрее. Временами, приходя в себя, я толкаю впередистоящих, заставляя их двигаться, а порою то ли от жары и жажды, то ли от перенапряжения и гнетущей тоски, впадаю в бредовое состояние и не понимаю, что со мной происходит. Меня тоже толкают бедняги, идущие вслед за мной, заставляя двигаться... Сколько прошло времени? – Не знаю. Вдруг кто-то сильно толкнул меня в плечо, очнувшись, открываю глаза, вижу – окошко передо мной! Ах! Вытаскиваю из кошелька специально приготовленные деньги, протягиваю кассиру и поспешно удаляюсь...

Прибавляю шаг, но внезапно чувствую всем своим существом, откуда-то появившуюся слабость, вялость и усталость. Поступь моя становится тяжелой, неровной, бессильной и неуверенной... Но почему? Или оттого, что столько времени я здесь провел: устал ли, ослаб ли?

Но что это за разговоры? Я же простоял очередь?! Мысль о том, что все позади, обрадовала меня, хотелось так и прыгнуть ввысь. Но я подсознательно чувствовал, что это мне не под силу! Я с удивлением посмотрел на себя: о, господи! Что это?! Что за колдовство? Когда я входил в караван-сарай, мое тело было полно сил и энергии, а теперь оно сморщилось, кожа стала дряблой, кости торчали и казались очень-очень хрупкими и истонченными. Раскрыв рот от изумления, я с надеждой и мольбой глянул вокруг и ... и мой взгляд упал снова на девушку-служанку! Я онемел от удивления: девушка не изменилась, оставаясь молодой и симпатичной с полуулыбкой на алых губах, без устали встречая нескончаемый поток посетителей. Действительно, ни одна телега не проезжала мимо караван-сарая. Каждая останавливалась, и с них спрыгивали жаждущие арбакеши и бросались в сторону источника, на который указывала девушка, осушая лишь одну пиалушечку воды...

У меня закружилась голова, пошатнувшись, я упал ничком. Глаза и рот забились теплым песком. Потрескавшиеся губы горели. Распластавшись, я пополз, ощупывая все вокруг.

Неожиданно мои пальцы нащупали палку. Крепко ухватившись за неё, я облокотился и постарался выпрямиться. Вытерев лицо, с трудом приподнял веки: передо мной стояла моя арба. И в то же мгновение я вспомнил все. Ведь… ведь у меня же было задание, я же пустился в путь с очень важным поручением! Потом… потом я заметил, что внезапно наступили сумерки, от ужаса оцепенел: все было напрасно?! Я не справился с возложенной на меня священной миссией?! Досадуя, я хотел крикнуть… но не смог, вопль будто взорвался в мозгу…

С трудом опираясь на палку, я с усилием сделал несколько шагов и, приблизившись к арбе, скорбно прислонился к ней. В тот же момент почувствовал, как моя грудь и бок насквозь промокли, отодвинулся, открыл глаза, осмотрел телегу: под ней на сухом песке образовалась лужица воды. Удивившись, собрал последние силы и дрожащими, изможденными руками сбросил тряпьё, покрывающее арбу… О, господи, в этот момент в голове моей промелькнуло все пережитое. И как же горько было видеть…

В тележке рядами стояли кувшины, полные воды, один из них разбился, и из него капала вода на вековые, жаждущие влаги пески…

Исажон Султон

Родился в 1967г. в селе Авазбой Риштанского района Ферганской области (Узбекистан), окончил факультет журналистики Ташкентского государственного университета. Публиковался в различных литературно-художественных изданиях, в том числе – в журналах «Дружба народов», «Звезда Востока», в «Антологии узбекского рассказа XX века». Автор повести «Мольба» и сборника "Лунный родник".

Небесный сад

В знойный день мелодично жужжали пчелы, слетевшиеся на клеверное поле за нашим домом. В конце поля протекал арык с прозрачной водой. Мы с другом, прихватив из дома свежеиспеченную лепешку, собирались сплавлять ее по воде. Глиняный дувал, ограждавший наш приусадебный участок, обвалился, и через образовавшийся большой проем была видна улица, тонувшая в пыли. По краю дороги, опираясь на посох, брел седобородый старик в белой полотняной рубашке.

Он медленно двигался в нашу сторону.

Если не ошибаюсь, мне тогда было лет восемь или девять. А может, семь... словом, не помню. А вот старика я запомнил на всю жизнь – его звали Холмухаммад-ота, он постоянно сидел возле оштукатуренного дома в начале улицы и грелся на солнце. Увлеченные игрой, мы не заметили его приближения. Подойдя, он какое-то время наблюдал за нами, а потом вдруг прослезился.

– Почему плачете, дедушка? – спросил я.

У деда тряслась борода:

— Было время, когда и я сплавлял по воде испеченную мамой лепешку, а потом ел, теперь вот вспомнил и плачу, сынок. Моя жизнь тоже, как лепешка, была да сплыла...

— Он, наверное, есть хочет, видимо, решил я, потому что точно помню, что протянул ему свой, разбухший в воде ломоть лепешки. Старик взял хлеб и, нисколько не стесняясь нас, разрыдался.

Мы застыли в растерянности.

Старик, плача, с ломтем лепешки в руке медленно поковылял дальше.

Желая еще раз глянуть ему вослед, я перепрыгнул через арык и, забыв обо всем на свете, застыл с широко раскрытыми глазами. Вы спросите, что я увидел? Себя, стоящего возле дивного сада с золотыми воротами и хрустальными ручками на них. Возле ворот, держа в руке хрустальное кольцо, смеялся и зазывал меня в сад мальчишка-ровесник.

Сделав два шага, я заглянул в сад. Не беру на себя смелость рассказать, что я там увидел, ибо это значило бы упростить все до земных понятий. Деревья, хотя и были внешне похожи на привычные для нас, на самом деле были совершенно другими. Тамошние птицы, воды... Это был небесный сад! Удивительный по своей красоте! Я страдаю от того, что не могу найти слов, способных передать его великолепие.

Сад был настолько завораживающим, что я невольно сделал еще шаг.

Если бы позволил себе еще один шаг, то оказался бы внутри. И тогда мог бы легко поймать золотых стрекоз, грациозно порхающих в саду, или побеседовать вон с той златокрылой птицей Семург...

Возле ворот росло огромное могучее дерево. Его ветви скрывались за облаками. Время от времени с них срывались листья. Вот, прямо мне под ноги, слетел пожелтевший лист. Нагнувшись, я увидел на нем надпись. С тыльной стороны, где проступали его желтоватые прожилки, было написано: «Холмухаммад, сын Зиё».

— Ой! — воскликнул я удивленно. Мальчик-привратник улыбнулся и покачал головой. Только было собрался я о чем-то его спросить, как позади себя услышал далекий взволнованный мамин голос, окликающий меня, и я как будто очнулся от сна. Когда открыл глаза, увидел, что лежу на коленях у матери, побледневшей от страха. Рядом хныкал мой друг. Мама разрыдалась и прижала меня к груди:

— Ой, сыночек, что с тобой случилось? Ты до смерти напугал меня, дорогой?!

— Видели? Вы тоже видели? — волнуясь, еле ворочая языком, спрашивал я. — Вы видели сад?

— Какой сад? — спросила мама, опять изменившись в лице. — Что за сад, сыночек?

Я рассказал маме все, что видел. Мама промолчала, но ближе к вечеру к нам домой пришел седобородый старик и стал читать надо мной молитвы.

Удивительно, стоило мне завести разговор о дивном саде и дереве-великане, не только мои родители, но и люди старше их по возрасту, пугались, восклицали боязливо "О, Боже", некоторые плакали. И мама стала очень пугливой, без конца спрашивала: «Тебя никто не звал в тот сад? Когда ты увидел сад, ты заходил в него или нет?"

Как я позже узнал, оказывается, тогда, перепрыгнув через арык, я застыл как вкопанный. Даже когда друг стал звать, а потом тормошить меня, я не сдвинулся с места. Тогда он, страшно напуганный, привел маму. Но я, как стоял, так и продолжал стоять... Следом за мамой пришел отец, они подняли меня и перенесли на террасу. Некоторое время спустя я пришел в себя...

* * *

Прошли годы, я возмужал. Слава Аллаху, стал отцом. Слушая, как лопочет наш сыночек, видя, как он делает первые шаги, я был на седьмом небе от счастья. Мне кажется, что на свете нет счастливее отца, чем я. Но сильнее меня ребенка обожает моя мать. Когда он щебечет, словно ласточка, мама молодеет на глазах.

Позади дома все то же клеверное поле. Только оно стало меньше. Арык по краю поля почти зарос.

Весна была в разгаре, и черешневые деревья были усыпаны темно-бордовыми ягодами. Сын еще не научился говорить, но уже успел стать любителем черешни. На западной стороне кишлака раскинулся большой черешневый сад. Усадив сына на плечи, я отправился туда. Нагнув ветку, наполнил тюбетейку сына ягодами. На ветке повыше ягоды показались более спелыми. Помню, что я дотянулся-таки до нее...

И сквозь ветви дерева я вновь увидел тот таинственный сад. Тот самый! Золотые ворота, ручки из жемчуга... Черноусый и чернобородый молодой привратник смотрел на меня и улыбался. Он узнал меня, и я его узнал!

Знаками он приглашал войти в сад.

Створки ворот были распахнуты настежь! Виденные мною когда-то картины предстали во всем великолепии. Прямо перед глазами на стеблях появлялись бутоны и тут же распускались дивные цветы, и невозможно было отличить, они настоящие, или золотые. Дерево-великан возле ворот по-прежнему простиралось ветвями до небес, с легким шорохом с него срывались листья, один за другим. Какой-то голос в глубине души прошептал: "Может, это и есть дерево Тубо?". Вдалеке что-то сверкало и переливалось, радуя глаз. Переливы были так прекрасны и нежны, что, однажды увидев, человек был готов смотреть на них всю жизнь.

Я проследил взглядом за слетевшим с дерева к моим ногам листом... и увидел, что на его тыльной стороне написано имя моего родителя!

В это мгновение до моего слуха донесся пронзительный плач сына.

Я сразу пришел в себя. В отчаянии оглянулся и увидел, что сын, ступая шаг за шагом, дошел до небольшого арыка, свалился в его ледяную воду и разрыдался. Я взял сына на руки и крепко прижал к себе.

Как я и предполагал, когда оглянулся, видение уже исчезло. Сын, вытянув руку в ту сторону, где исчез сад, пытался что-то мне сказать.

(«Неужто и ты унаследовал эти видения, сыночек?»)

Потом мне вспомнилось то дерево возле ворот и сорвавшийся с его ветвей лист. Я побежал домой. Сердце, предчувствуя что-то, билось часто-часто. За углом я свернул на нашу улицу и ноги подкосились. Возле наших ворот собрались мужчины со всего кишлака.

Отец... Отдавший все силы и молодость нам, бросавшийся из огня да в полымя ради того, чтобы мы росли здоровыми и счастливыми… отец ушел из жизни!

После этого я стал бояться того сада.

Он являлся в моих снах, этот таинственный сад! Привратник, любезно глядя на меня, стоял молча. "Что еще нужно тебе? – кричал я ему во сне. – Что ты от меня хочешь? Оставь меня в покое, я не хочу заходить в твой сад!" Я метался в бреду, но, просыпаясь, помнил все, что привиделось мне, оно стояло перед глазами, навсегда оставалось в памяти.

Жизнь шла своим чередом, постепенно страх видений исчез.

* * *

Когда сад привиделся в третий раз, я был уже седовласым, седобородым пожилым человеком. Нынешний вид сада свидетельствовал о некой странной закономерности, глубину которой я все еще не мог постичь.

Ведь жизнь... жизнь уходит...

Когда на небе появляются тучи – ноют кости. Слезятся глаза. Чаще всего я сижу на топчане возле своего дома и греюсь на солнце. Все мое существо радуется солнечным дням золотой осени. Подобно осенней реке, душа прозрачна и спокойна.

Поднимаясь в очередной раз на свой топчан, я невольно бросил взгляд поверх невысокого забора на приусадебный участок соседа. В этот год сосед засеял его клевером.

А в конце клеверного поля вновь та же картина.

Теперь и у привратника волосы были тронуты сединой. В саду царила осень, ранняя осень. Мне еще не доводилось видеть такой красоты. С дерева-великана возле ворот с печальным шелестом, плавно кружа в воздухе, опускались на землю золотые листья. Опавших листьев было великое множество. Вся земля была усыпана листвой.

А разве на каждом листе не было написано имени?

На этот раз на листе, слетевшем под ноги, я прочел имя близкого друга. Мы были ровесники, вместе играли и росли. Мы и женились в одно время, во многом наши судьбы были схожи.

* * *

И, наконец, чствертое видение этого сада счастья...

Клеверное поле. Чуть поодаль два мальчугана сплавляют по воде лепешку.

Я смотрю на ребятишек, а перед глазами чередой проходят детство, отец, мать, свежеиспеченные лепешки... Из глаз все текут и текут слезы. Какие горячие, с пылу с жару, были те лепешки. Они были подстать жару сердца моей матушки... О, каким я был... Какими же мы были, друзья!

Стою, смотрю и никак не могу сдвинуться с места. Один из мальчуганов заметил меня. Вид плачущего старика, видимо, встревожил его, он смотрел на меня широко раскрытыми глазами.

– Почему вы плачете, дедушка? – спросил он.

Ах, сыночек, ах! Как же мне не плакать, как же не высказать то, что я чувствую сейчас. Ведь было время, когда я так же, как и вы сейчас, сплавлял по воде испеченные мамой лепешки... Эх, да и сам я, как этот хлеб в арыке, был да сплыл!

В моем сознании все то же самое – детство, облик деда Холмухаммада, плачущего, глядя на нас... а на языке те же слова... а в душе – неведомый страх и преклонение перед этим необратимым круговоротом жизни.

Взяв ломоть лепешки, протянутый мне мальчиком, я так и не смог прийти в себя. Безостановочно лились слезы, а перед глазами возникали самые светлые мгновения жизни и несбывшиеся мечты.

И вот тогда...

И вот тогда... я вновь увидел тот сад.

Привратник, как и я, постарел. Опираясь на посох, он выглядел усталым. Ворота сада распахнуты настежь. Внутри же оно – величественное дерево, крона которого теряется в облаке. С ветвей по-прежнему срываются и падают листья.

Интересно, чье имя на этот раз написано на падающем с дерева листе?

Мы с привратником долго в упор смотрели в глаза друг другу.

Наконец, он, всё также опираясь на посох, усталым голосом изрек:

– Заходи уж, довольно…

Я оглянулся назад. Но ничего не увидел… Пелена слез окутала глаза. Сделал шаг, почувствовал, что держу в ладони что-то теплое.

Взглянул – это был ломоть лепешки, которым только что на клеверном поле угостил меня чуткий мальчуган. Хлеб намок, но все еще хранил своё тепло...

V. Проза

Ирина (Ляля) Нисина

Родилась на Украине в городе Винница. Окончила Казанский Институт Культуры и Винницкий Пединститут. В 1994 году переехала на постоянное жительство в Австралию, живёт на Голд Кост в штате Квинслэнд. Главы из повести и отдельные рассказы опубликованы в многочисленных журналах и сборниках: «Нева», «Новый журнал», «Стороны света», «Чайка», «Австралийская мозаика» и других.

Стоянка тридцать минут

– Коробку побольше выбери, чтоб на крышке цветы красивые, или набережная, например, или Москва-сити. Даже лучше с видом города, пускай полюбуется! И рубашку мне приготовьте белую, ту в которой я орден получать ходил! – дед взволнованно метался по кухне.

– Алиса, ты еще здесь? Да беги же в магазин, мне еще собираться! И смотри, самых дорогих, шоколадных, и чтобы свежие, там, кажется, печать должна стоять.

– Печать! – фыркает Алиса. – Нет, мам, ты слышишь? Впервые на моей памяти дед интересуется годностью пищевых продуктов. Он у нас больше по продуктам жизнедеятельности лабораторных мышей.

– Иди скорее! – машет рукой мать. – Дед и так места себе не находит!

Дедом его называют уже давно. Сашка, внук старший, очень любил деда, всегда ждал его с работы, сидя под дверью, и допрашивал всех: «Дед где? Дед?» Так и остался Алексей «дедом». А когда он академиком стал, то и на работе так прозвали.

Алиса столкнулась с Сашей в дверях. В руке сын нес красивый букет красных и белых роз.

– Дед! – с порога кричит в кухню Саша, – Дед, я букет купил – закачаешься!

– В воду, в воду поставь пока! – засуетился дед. – До поезда еще четыре часа. И в темное место, в ванную, или в кладовку.

Светлана с удивлением наблюдала за мужем. Всегда такой уравновешенный, спокойный, уверенный в себе, он сегодня вел себя как мальчишка, молодой, увлеченный, ошарашенный открывшимися перед ним перспективами. Она помнила его таким, она и полюбила его за эту неукротимую энергию, плещущую через край. Сама Светлана никогда не рвалась к высотам, не стремилась делать карьеру. После рождения Алисы на работу больше не вышла, а когда дочь, едва дождавшись совершеннолетия, выскочила замуж, Светлана занялась воспитанием внуков.

– Может мне пойти подстричься? – вдруг вспоминает дед. – Или сойдет, а, Сашка?

– Дед, мы же с тобой неделю назад стриглись! – Саша уже устроился за столом. – Не комплексуй, ты у нас мужик хоть куда! Давай лучше пообедаем. Бабуль, ты котлетки сделала?

Светлана разлила суп. Сашка принялся сосредоточенно уничтожать содержимое тарелки, дед с отсутствующим видом работал ложкой, по всему видно было, что мысли его далеко.

Вернулась Алиса, положила на край стола огромную коробку конфет с фотографией новой набережной. Фонари на коробке были выпуклые и очень натурально светились.

— Шикарная коробка, дед, — похвалил Саша, прожевав котлету, — полный отпад! Мне, например, никто такую красоту не подарит!

— А то ты конфет не ел! — возмутилась Алиса. — Бабушка каждый день тебя пичкает то шоколадкой, то мармеладкой.

— Аля, отстань от ребенка! — встала на защиту своего любимца Светлана. — Зачем ты его дразнишь? Ешь, Сашенька, — она погладила внука по голове, — ешь, маленький! У меня конфетки есть, я тебе сейчас достану.

— Слушай, маленький, — Алиса налила себе супу и присела к столу, — деда мне везти, или ты с ним на вокзал съездишь?

— Я, конечно, — подпрыгнул Саша, — мне нужно тренироваться, правда, дед?

Дед не ответил. Светлана забрала у него пустую суповую тарелку и поставила перед ним котлеты, но он даже за вилку не взялся.

— Дед, а дед, — Саша выруливал со двора. — Пока мы едем, ты расскажи мне про эту Алю.

— Не Алю! — с досадой поправил дед. — Она не Аля, а Алька, ну, то есть, Александра. Ее отец не хотел называть ни Сашей, ни Шурой, придумал вот, Альку. Мы с ней вместе работали. Знаешь ведь, что я после института в Свердловске жил?

— Это который Екатеринбург, да?

— Да, Саша, он самый. Вот мы с Алькой в Екатеринбурге вместе работали. Молодые были, веселились, после работы в кино ходили, в дом культуры...

— На танцы, что ли? — прыснул Саша.

— И на танцы тоже, — усмехнулся дед. — Ты думаешь, что я всегда стариком был?

— Ты, дед, для меня всегда был дедом, — дипломатично отозвался Саша, — но старым ты еще не скоро будешь. Ты пока у нас мужчина в расцвете сил, как Карлсон, который живет на крыше.

Дед и внук смеются: история про Малыша и Карлсона — их любимая.

— Ты рассказывай, дед, — подгонял Саша, — про эту Альку. Она какая? А кто ее муж, а дети у нее есть?

— Она, Саша, — вздохнул дед, — самая красивая, самая добрая, и вообще... Самая-самая! А про мужа и детей я ничего не знаю, связь с ней мы не поддерживали. Получилось так, что я в Москву уехал, работу нашел, твою бабушку встретил, — завертелось все. В Свердловск я уже не вернулся, никогда больше там не был. — Он опять вздохнул.

— Я понимаю, дед, — прошептал Саша, нацеливаясь на узкую парковку.

Они медленно, — времени до прихода поезда еще полчаса, — вышли на перрон. Саша нес букет, а дед огромную коробку с конфетами.

— Вот примерно здесь, да, дед? — Саша показал на лавочку возле таблички «Третий вагон».

Дед положил коробку на скамейку, подтянул отглаженные брюки и аккуратно уселся рядом. Коробку с конфетами он поставил ребром на колени и, ссутулившись, почти совсем скрылся за раззолоченной фотографией.

— Знаешь, Саш, — говорит он неуверенно, — ты, наверное, когда поезд придет, пойди погуляй. Алька тебя не знает, может, постесняется при тебе рассказывать...— он долго молчит, потом, решившись, поднимает голову и смотрит Саше в глаза. — Мы с ней были очень близкими людьми... Вот!

— Да я уж понял, дед, — Саша снисходительно похлопал деда по манжету рубашки. Сашин браслет из металлических пластинок звякнул о дедову запонку. — Я и сам хотел отойти. Вы разговаривайте, я в сторонке посижу, у меня и книжка есть. Вчера, кстати новый «Дозор» на телефон скачал!

Дед улыбнулся Саше и кивнул головой, но мысли его далеко, и про книжку он уже не слышит. Саша положил цветы на скамейку рядом с дедом, а сам нашел свободную лавочку возле ларька. Он садится и неотрывно смотрит на деда, готовый в любую минуту прийти на помощь.

Наконец, радио неразборчиво объявляет прибытие поезда, стоянку тридцать минут и номера вагонов с головы. Саша успокаивается: лавочку они с дедом выбрали правильно.

Поезд медленно вытягивал зеленую ленту состава вдоль платформы. Дед встал и подхватил со скамейки букет. Заскрежетали тормоза, и поезд остановился. Проводницы выстроились у своих вагонов: одна в одну куколки, юбочки, ножки, каблучки, — Саша даже засмотрелся. И, конечно, пропустил дедову знакомую. Глянул, а они уже обнимаются, и у деда плечи вздрагивают, а у Альки этой руки трясутся, просто ходуном ходят. Дед ее совсем заслонил, только руки и видны, да еще юбка по ветру плещется. Вот дед ее к лавочке подвел, сели они. Со спины только и видно. Волосы светло-русые красиво подстрижены.

— Крашеные, конечно, у нее волосы, вот бабуля уже давно волосы красит! — ревниво думает Саша. — А платье бирюзовое яркое, как у молоденькой, только с белым кружевом вокруг шеи, мама так не носит! А дед-то, дед! Руки целует без перерыва, вон, носовой платок из кармана вытащил, слезы ей вытирает. Подумаешь!

Поезд, скрипя и отдуваясь, медленно отползал назад на запасные пути. Там уже ждут два прицепных вагона – пассажирский и почтовый. Потому и стоянка такая долгая, целых полчаса. Потом поезд подойдет к перрону еще на пять минут, соберет своих пассажиров, вышедших прогуляться, и покатит по рельсам в северную столицу.

Состав, наконец, уехал, стало тише, и Саша прислушался к разговору.

– Что ты говоришь! И давно?

– Тридцать два года назад, – голос у этой Альки звонкий, молодой, а вот интонации какие-то виноватые.

– Он хороший мужик, я Валеру отлично помню! – это дед.

– Да, Алешенька, он хороший, добрый, Алика баловал, и Верочку, конечно!

– Так у тебя двое?

– Да, Алешенька, двое: мальчик и девочка.

Они помолчали.

– А директор сейчас Валька Семенов, помнишь? – дед кивнул, взял Альку за руку, поднес к губам. – Римма у него секретаршей, ушла из науки, а из института не смогла уйти. Трубников зам по науке, – голос у Альки дрогнул.

– А Гриша с Лилей?

– Давно уехали! Помнишь, у них много лет детей не было? А потом близнецы родились! Дети болели очень, Лиля уволилась, ну, и уехали они. Гриша науку забросил, в военном госпитале работает. А Фаттыхов в Казань переехал, ему там кафедру дали!

Дед, не сводя с Альки глаз, кивает.

– Алешенька, а ты помнишь зефир развесной? Мы его пополам делили, а потом ты свою половинку мне отдавал, помнишь?

– Помню, конечно! А ты помнишь, как Гриша с Михалычем за водкой ходили?

Оба смеются давней истории.

– А Михалыч как?

– Умер Михалыч, мы, все наши, и хоронили, у него ведь родных никого, детдомовец...

– Что ты говоришь! Ох, Михалыч, Михалыч, – дед опустил голову, потер висок.

– А ты как живешь, Алешенька? Про работу твою я все знаю, про звания все, статьи многие читала. А семья, дети?

– Дочка моя, Алиса, журналистка, очень интересные интервью берет, глупостей не пишет. По телевизору много выступает. Сереброва ее фамилия, это по мужу. А муж ее врач, доктор наук. Да у меня уже внуку восемнадцать лет! – дед заулыбался. – И внучка есть, отличница, в седьмом классе уже.

– Хорошо! – одобряет Алька, – Ты молодец, Алешенька, что тогда не вернулся... Зато каким человеком стал, академик, лауреат! Алик по твоему учебнику учился...– голос ее дрожит.

– Алька, а ты куда едешь? – вдруг вспоминает дед. – Ты сама или с Валерой? – он оглядывается кругом в поисках незнакомого Валеры.

– Я сама, Алешенька, я...

Загрохотала, приближаясь к платформе, электричка. Двери синхронно раскрылись и стали выпускать на перрон уставших за день людей. Стало шумно, кто-то смеялся взахлеб, заорал ребенок. Когда толпа рассеялась, и электричка, с шипением закрыв двери, отошла, Алькин поезд уже подали на посадку, и Алька с дедовым букетом в руках стояла возле своего вагона. Вокзальное радио над самой Сашиной головой громко объявило отправление поезда. Алька повернулась лицом к деду, сказала какие-то вежливые слова, улыбнулась, встав на цыпочки, положила букет на пол в тамбуре вагона, и обеими руками взялась за поручни. Дед протянул к ней руки, словно хотел поддержать, помочь влезть на высокую ступеньку. И непонятно как, совершенно спонтанно, на Сашин взгляд, они вдруг начали целоваться как подростки. Алька покрывала поцелуями дедово лицо, а он прижимал ее к себе, совсем, по мнению Саши, неприлично прижимал.

Саша вскочил со скамейки и поспешил поближе к деду, мало ли что!

Проводница в короткой форменной юбке оторопело смотрела на них, нетерпеливо переступая с ноги на ногу, но красный флажок подняла, решила, наверное, пусть люди попрощаются.

– Видно, любовь у них! – громко сказала она проводнице соседнего вагона, жадно смотревшей на деда с Алькой.

Саша даже засмеялся. Ну, какая такая любовь может быть у деда и бабки?

– Пассажирка, вы конфеты забыли, – заторопила Альку проводница, – вон, на скамейке коробка ваша, заберите!

Алька, не слушая ее, взобралась по ступенькам. Досадливо махнув желтым флажком, проводница опустила тяжелую железную подножку.

– Валера умер год назад, – сказала Алька, обернувшись. Она стояла на самом краю рядом с проводницей. Бирюзовая Алькина юбка трепетала на ветру как живая.

Дед ахнул, сделал шаг к вагону. Машинист дал гудок, и поезд медленно сдвинулся с места.

– Конфеты-то дорогие, пассажирка, заберите, вон, коробка какая большая! – с завистью проводила глазами скамейку другая проводница.

Дед, не глядя под ноги, шел за вагоном. Саша подхватил его под руку.

Алька, держась за поручень, высунулась из вагона.

– Моему сыну тридцать семь лет. – ровным голосом сказала она. – Он блестящий врач, давно защитил докторскую, сейчас работает в Швеции. Я еду к нему, и в Россию, наверное, больше не вернусь. Прощай, Алешенька! Вот теперь точно прощай! – Она хотела что-то еще сказать, но задохнулась, и отступила вглубь тамбура.

А дед, Сашин дед, такой сдержанный и такой невозмутимый, уверенный в себе академик, учивший маленького Сашу, что они, Барышевы, не плаксы, смотрел вслед поезду, и слезы текли у него из-под щегольских затемненных очков. Он сделал еще пару шагов, и с помощью Саши опустился на скамейку, чуть не придавив коробку с конфетами.

– А конфеты, – жалким голосом сказал дед, – конфеты она не взяла. Сказала, что самые лучшие конфеты она ела в прошлой жизни.

Дед и внук сидели на перроне до самых сумерек. Они молчали. Дед вспоминал Свердловск, а Саша думал, что за все в жизни нужно платить, и что беда приходит, когда ты меньше всего ее ожидаешь.

Международный литературный журнал «Интеллигент. Спб»:
Хорошее чтение для интеллигентных людей

Главный редактор Наталья Крофтс

THE INTELLECTUAL
№ 1, 2014
© 2014 by THE INTELLECTUAL

«Интеллигент. Спб» – квартальное литературное издание, посвящённое русской литературе. Мы публикуем современную короткую прозу и поэзию, освещаем интересные литературные фестивали и конкурсы, проводим интервью с ведущими деятелями современной культуры. Наше издание – это просто журнал хорошего чтения для интеллигентных людей.

Издание публикуется в газетном и журнальном вариантах; продаётся в сетевом магазине «Амазон».

Made in the USA
Lexington, KY
08 December 2015